LA NOUVELLE
GASTRONOMIE
VÉGÉTARIENNE

La Nouvelle

Gastronomie
Végétarienne

ÉDITIONS DU TRÉCARRÉ

Données de catalogage avant publication (Canada)

Ayanoglu, Byron

La nouvelle gastronomie végétarienne

Comprend un index.
Traduction de : The new vegetarian gourmet.

ISBN 2-89249-695-0

1. Cuisine végétarienne. I. Titre.

TX837.A9214 1996   641.5'636   C96-941249-5

L'ouvrage a paru en langue anglaise sous le titre :
The New Vegetarian Gourmet
© Byron Ayanoglu, 1996

Publié par : Robert Rose inc.,
156 Duncan Mill Road, Suite 12, Toronto, Ontario, Canada M3B 2N2

CONCEPTION GRAPHIQUE :	MATTHEWS COMMUNICATION DESIGN
PHOTOGRAPHIE :	MARK T. SHAPIRO
DIRECTION ARTISTIQUE, PHOTOGRAPHIE DES METS :	SHARON MATTHEWS
STYLISTE ALIMENTS :	KATE BUSH
STYLISTE ACCESSOIRES :	CHARLENE ERRICSON
ESSAI DES PLATS :	LESLEIGH LANDRY
TRADUCTION :	RAYMOND ROY
TYPOGRAPHIE :	RIVE-SUD TYPO SERVICE

© Éditions du Trécarré, pour l'édition française, 1996

ISBN 2-89249-695-0

Dépôt légal, 1996
Bibliothèque nationale du Québec

Imprimé au Canada

Éditions du Trécarré
Saint-Laurent (Québec) Canada

Photo de la page couverture : Haricots verts et noix d'acajou (page 149)

TABLE
DES MATIÈRES

À **DESPINA,**
ma merveilleuse mère
et à **ALGIS,**
mon fidèle associé

REMERCIEMENTS

Je tiens à remercier du fond du cœur les personnes qui ont rendu possible la réalisation de ce livre :

Aristedes ; Jack Blum ; Sharon Corder ; Crystalia ; Bob Dees ; Margaret Dragu ; Wrenn Goodrum ; le chef Lambrino (du *Avli*) ; Marion Lewis ; Peter et Sharon Matthews ; Kamala McCarthy ; Meenakshi ; The Medads ; Margie et Michael Pagliaro (du restaurant *Barolo*) ; Martha Reilly ; Judi Roe ; Tom Rack ; Wandee Young (du restaurant *Young Thailand*).

Je voudrais exprimer aussi ma reconnaissance aux fournisseurs d'accessoires utilisés dans les photographies du livre :

Country Floors, Toronto	Tuiles
En Provence, Toronto	Vaisselle, accessoires, linge
Folly, Toronto	Vaisselle, accessoires, linge
MUTI Italian Country, Toronto	Vaisselle, accessoires, tapisserie
The Guild Shop, Toronto	Vaisselle, accessoires, linge

*La découverte d'un nouveau plat
contribue davantage au bonheur de l'humanité
que la découverte d'une étoile.*

— Jean Anthelme Brillat-Savarin

LE NOUVEAU VÉGÉTARISME

Ce livre de savoureuses recettes végétariennes inspirées de la cuisine internationale s'adresse à tous ceux et celles qui apprécient les plaisirs de la table. Il contient les recettes avec lesquelles je prépare des repas mémorables, que ce soit pour un repas ordinaire ou de fête, pour une table végétarienne ou pour servir de complément à un repas carné.

Le végétarisme strict et, par association, la cuisine végétarienne, ont tellement fait l'objet de débats qu'on a parfois l'impression qu'ils n'ont plus rien à voir avec la cuisine. Certains voient dans le végétarisme une panacée, la solution à tous les problèmes de santé imaginables, aux problèmes de l'environnement ou aux injustices politiques. Pour d'autres, c'est un anathème, et le simple mot « végétarisme » est vu comme un affront à son droit inné à ses trois repas carnés quotidiens.

Cette controverse n'a pas vraiment de quoi surprendre quand on considère les aléas de l'histoire du végétarisme en Amérique du Nord. Dans les années 1950, si l'on ne considérait les gens qui renonçaient à la viande comme très suspects, on les regardait du moins avec condescendance. Dans la décennie qui suivit, l'ouverture aux modes de vie alternatifs a chambardé cette vision, mais à quel prix ! Comme pour toutes les autres « découvertes » de cette décennie des plus étrange, le végétarisme est devenu militant, intolérant et hypocrite. Par conséquent, les végétariens issus de cette époque créèrent inten-tionnellement des plats austères, inspirés d'une philosophie macro-biotique japonaise mal appliquée, parfaite si l'on se contente de méditer devant une montagne, mais moins bonne si l'on doit survivre dans un milieu urbain pollué et stressant.

D'où cette ridicule opposition entre les végétariens et leurs adversaires, situation qui donna lieu à d'épiques manifestations de fanatisme culi-naire et qui a eu pour effet de priver les opposants des deux camps des trésors et du plaisir de déguster des légumes préparés avec amour.

Pour les Méditerranéens comme moi, pour quiconque a été élevé dans des régions ensoleillées du globe (même si elles sont les plus pauvres), les légumes, les légumineuses et les céréales sont libres de toute connotation idéologique. Ils constituent tout simplement la base de l'alimentation quotidienne. Pendant mes années de formation à Istanbul, nous faisions partie de la classe moyenne grecque, la viande était donc un luxe réservé pour les dimanches ou pour les jours de fête pour notre famille issue de la classe moyenne. En temps normal, nous nous contentions d'un régime végétarien hautement inventif, bien que nous ne le considérions pas comme tel. Et même quand la viande faisait une rare apparition sur la table, elle était toujours accompagnée d'une multitude de mets végétariens. C'est une fois arrivé ici que je fus confronté à la coutume américaine consistant à ingérer un steak de 600 grammes (20 onces), accompagné d'une petite pomme de terre et d'une salade aqueuse.

Pourtant, abandonner ses habitudes est chose difficile. J'ai certaine-ment mangé beaucoup de viande, de volaille et de poisson au cours des 38 années que j'ai passées dans le Nouveau Monde, mais je n'ai jamais perdu mon goût pour les légumes : ni le goût de ceux que ma mère préparait, ni de la multitude de plats à base de légumes que j'ai goûtés, recréés et adaptés au cours de ces trois décennies de voyages gastronomiques. Goûtez vous-même ces plats. Peut-être changerez-vous d'opinion sur la cuisine végétarienne.

Bon appétit !

BYRON AYANOGLU
Toronto, 1996

POUR UNE CUISINE VÉGÉTARIENNE JOYEUSE

Je me suis toujours efforcé de créer des plats aussi nourrissants qu'attrayants. Cuisiner doit être une activité amusante. Je crois fermement au dicton qui veut qu'« un chef joyeux est un bon chef ». La joie, le principal ingrédient dans l'art de manger, obéit à ces quelques règles simples.

Se servir d'une bonne poêle sur un feu facile à régler

Un tel outil est essentiel si l'on veut pouvoir saisir rapidement les légumes pour en retenir le jus (ce qui les rend succulents et croquants) et emprisonner les saveurs des huiles et des condiments.

Cuire les aliments dans un four conventionnel très chaud

Je préfère cuisiner à une température très élevée (200 à 210 °C, soit 400 à 425 °F) plutôt qu'à la température plus courante de 180 °C (350 °F) ; le goût et la texture des aliments s'en trouvent alors améliorés. Par ailleurs, je ne me sers jamais du four à micro-ondes (sauf pour faire fondre le chocolat) ; même si cet appareil m'offre l'avantage de la vitesse, je déteste la texture et la chaleur extrême qui résultent de l'exposition aux micro-ondes.

Cuisiner avec soin, mais non de manière servile

J'ai fait des efforts pour fournir les temps de cuisson « exacts » aux différentes étapes des recettes. Mais soyons réalistes. Faire revenir de l'ail pendant 30 secondes, chronomètre en main, n'est pas le genre du cuisinier créateur. Il suffit de le faire revenir pendant un certain temps, en prenant soin de ne pas le faire brûler. Rappelez-vous que le temps de cuisson de votre ail dépendra de l'intensité du feu et des propriétés conductrices de votre poêle : une poêle bon marché deviendra plus chaude au centre et exigera une agitation plus active de votre part si vous désirez obtenir une cuisson uniforme.

Planifier pour gagner du temps

Encore plus que l'argent, c'est le temps qui dicte nos décisions les plus cruciales, notamment quand vient le moment de satisfaire sa faim. Par conséquent, il importe de mettre au point des techniques qui permettront de réduire le temps nécessaire aux opérations culinaires de dernière minute.

Ce qui permet de gagner le plus de temps, c'est un peu de planification et de préparation à l'avance. Il existe un certain nombre de produits essentiels, qu'on pense seulement aux bouillons, aux sauces, aux croûtes, au pistou, aux tomates séchées et aux champignons séchés réhydratés, qui survivent bien au réfrigérateur ou au congélateur et qui feront votre bonheur au moment où vous en aurez besoin.

La synchronisation de toutes les étapes d'un repas, qui permet de faire en sorte que tout soit prêt en même temps au moment voulu ou à peu près, est plus difficile à réaliser, surtout si vous travaillez seul. Dans la cuisine végétarienne, de nombreux plats d'accompagnement gagnent à être servis tièdes pour leur permettre de développer leur saveur ; ainsi, vous pouvez les préparer un peu à l'avance et vous concentrer sur le plat principal, qui exigera une attention de dernière minute et qui est habituellement servi bien chaud.

La synchronisation s'accommode tout aussi bien de la méthode française de cuisson des légumes, qui consiste à les faire bouillir à feu vif 5 ou 6 minutes, à les plonger ensuite dans de l'eau glacée et à les laisser égoutter, puis à les réchauffer plus tard. Bref, une demi-heure consacrée à planifier, à hacher, à bouillir, à laisser égoutter et à râper les aliments (tout cela au rythme de votre musique préférée) fera en sorte que l'assemblage final des éléments du repas sera un jeu d'enfant ; ainsi, tous et toutes, même le cuisinier, pourront en jouir.

Créer des plats exubérants

Un repas, pour vraiment réjouir les cœurs, doit « chanter », aussi bien au moment de sa préparation que du service. Ne vous gênez pas. Ne lésinez pas sur les bonnes choses. Usez généreusement des fines herbes. Utilisez l'ail comme si c'était votre dernière chance de le faire (surtout s'il est cuit : il perd alors sa causticité tout en gardant ses avantages ; vous ne pourrez jamais en mettre trop). Ne ménagez pas l'huile d'olive. L'huile n'est pas dommageable en soi. Seulement, elle devient trop acide dans les friteuses des restaurants, là où on l'utilise et la réutilise sans fin, jusqu'à la limite du possible. À la maison, si on

l'emploie avec modération, elle peut devenir l'âme d'une cuisine végétarienne raffinée. Notre organisme a besoin d'une certaine quantité de
matières grasses. Un régime végétarien, dépourvu de gras animal, est
incomplet sans huile et notamment l'huile d'olive, source d'un
immense plaisir gastronomique.

Préparer des repas équilibrés

Tout régime, pour assurer la santé, doit être équilibré. On n'a pas besoin
d'être nutritionniste pour savoir qu'un régime déséquilibré entraînera
un perte de force et de vitalité. Pour être complet, un régime végétarien doit comprendre une bonne proportion de produits céréaliers, de
légumineuses, de lentilles, ainsi qu'une bonne variété de légumes
(légumes racines et feuilles) et, aussi, des matières grasses (comme
l'huile d'olive). Trop de végétariens que je connais ne mangent que ce
qu'ils aiment, et complètent leur menu par du fromage, des œufs et
des desserts. Ils en paient le prix par un teint cireux et un manque
d'énergie.

À la fin d'un repas végétarien, on ressent une agréable sensation de
légèreté qui contraste de façon frappante avec la sensation de lourdeur
qui suit si souvent un repas « normal ». Jouissons donc de cette sensation, mais aussi soyons raisonnables. C'est alors que nous serons
véritablement heureux.

LES INGRÉDIENTS DE BASE

De nombreux ingrédients de base utilisés dans la fine cuisine végétarienne, comme le sel, l'huile d'olive ou le garam massala, se conservent longtemps. La plupart aussi sont fort coûteux quand on les achète en petites quantités ou sont souvent impossibles à trouver en dehors des épiceries spécialisées. Par conséquent, il serait bien avisé (sur les plans culinaires et financiers) de partir parfois en expédition et d'en profiter pour faire le plein de ces ingrédients. Conservez-les dans un endroit sombre et frais (ou même dans votre réfrigérateur ou votre congélateur) ; vous les aurez ainsi sous la main quand l'envie ou le goût de vous en servir se manifestera.

Voici donc ma liste d'ingrédients essentiels :

Le bouillon

Un bouillon maison constitue l'âme et le cœur (et le corps) des meilleures soupes et sauces. Dans la cuisine moderne, le bouillon présente aussi l'avantage de permettre de réduire le cholestérol et le nombre de calories à votre guise, car il est un substitut à la crème dans bien des recettes.

Il est donc sage de toujours avoir du bouillon sous la main. C'est chose facile, vu que cet ingrédient béni se laisse congeler sans que la qualité ni le goût n'en souffrent. Et le plus réjouissant, c'est que le bouillon de légumes (contrairement aux bouillons à base de viande) est étonnamment simple et propre à préparer.

Tout ce que vous avez à faire, c'est de hacher les ingrédients, de les faire revenir 15 minutes à la poêle, de les laisser mijoter une demi-heure sans surveillance puis de passer le tout au tamis. Toute cette préparation a des vertus thérapeutiques, surtout si l'on pense aux délicieux bénéfices qu'offre sur le plan gastronomique un bouillon maison prêt-à-utiliser. Voyez mes recettes toutes simples de BOUILLON DE LÉGUMES (à la page 28) et de BOUILLON DE CHAMPIGNONS (à la page 32).

L'huile d'olive

Je révère l'huile d'olive et je l'emploie chaque fois que j'en ai l'occasion. J'en mets sur mes rôties, j'en arrose la pizza, les salades et les haricots. C'est même ma matière grasse préférée pour faire revenir les aliments. J'agissais comme ça même bien avant qu'on découvre que l'huile d'olive, plutôt que d'augmenter le cholestérol, dégradait et dissolvait celui-ci. En fait, l'huile d'olive est peut-être la seule gâterie qui soit bonne pour la santé.

On trouve de nos jours dans les épiceries toute une panoplie d'huiles d'olive. C'est une conséquence de la gloire nouvelle de ce produit. Au fil des conversations, on laisse tomber des épithètes telles que «extra-vierge», «pressée à froid», on discute ensuite des mérites comparés de la Luccan (italienne) et de la Provençale (française). Les vrais connaisseurs, eux, épiloguent sur la pureté du goût des huiles espagnoles, la saveur distinctive des huiles portugaises, des huiles californiennes, nouvelles dans le décor mais déjà acceptables, et sur l'huile grecque de l'Attique, aux reflets verdâtres intenses, la mère de toutes les huiles.

La «virginité» d'une huile rend compte de l'intensité de son goût d'olive — et de son prix. (L'appellation «extra-vierge» est appliquée à une huile de toute première pression.) Le goût d'olive sera encore plus marqué si cette première pression s'effectue «à froid», c'est-à-dire sans apport de chaleur au moment de l'extraction. Les pressages suivants, presque toujours faits à la chaleur, donnent une huile dorée mais au goût moins prononcé.

Ce n'est que lorsqu'elle est consommée crue qu'on peut vraiment apprécier le goût riche et sublime de l'huile d'olive vierge pressée à froid ; une fois chauffée, ses qualités disparaissent. L'huile végétale convient donc parfaitement aux opérations se déroulant à température élevée, comme la friture. Pour faire revenir les aliments, là où la texture de l'huile d'olive est un atout, je me contente d'une huile non vierge, donc meilleur marché. Mais quand le goût compte, dans les salades ou sur les pâtes par exemple, je sors mon huile la plus aromatique, la meilleure de toutes.

Les vinaigres

Réhabilités récemment, les vinaigres sont devenus les enfants chéris de nos chefs cuisiniers les plus éclectiques. En réalité, gramme pour gramme, le vinaigre renferme plus de piquant et de saveur que la plupart des autres condiments. Et c'est là justement le danger : il est facile d'avoir la main trop lourde avec le vinaigre. Même quand on dose le vinaigre correctement, pour donner du piquant à un plat, il faut le faire bouillir au préalable pour en chasser l'acidité.

L'usage principal des vinaigres de vin blanc ou rouge reste et demeure la confection de vinaigrettes. Même là, il est conseillé de l'employer avec parcimonie, dans une proportion ne dépassant pas une partie de vinaigre pour quatre parties d'huile. Cette règle s'applique moins dans le cas du vinaigre balsamique (l'authentique vient de Modène, en Italie), lequel est plus doux. Le vinaigre balsamique peut même être utilisé seul (si vous évitez l'huile pour des raisons de régime). Si j'omets l'huile dans une vinaigrette, je préfère remplacer le vinaigre par du citron ; son goût est plus doux.

Les vinaigres aromatisés aux baies, comme le très populaire vinaigre de framboise, et le vinaigre de cassis, moins connu, peuvent assassiner un plat si on les dose mal, conférant à tous les autres ingrédients un goût de rince-bouche. En revanche, s'ils sont utilisés avec parcimonie, ils peuvent donner une note exotique aux salades.

Les vinaigres de vin de riz, chinois ou japonais, au goût subtil, se prêtent à d'adorables compositions, notamment dans les mets orientaux, pour lesquels le goût des vinaigres européens est beaucoup trop dominant. On peut remplacer le vinaigre de vin de riz par du vinaigre blanc ordinaire, mais moi je ne m'en sers pas (sauf pour nettoyer ma planche à découper) tout comme je m'abstiens d'utiliser le four à micro-ondes et l'ordinateur. Je préfère ne pas aborder ces sujets.

Quoi qu'il en soit, les vinaigres sont relativement bon marché et se conservent très bien. J'en garde la plus grande variété possible afin de pouvoir les mélanger et les assortir au besoin.

Les épices

Toutes les épices sont fantastiques et elles trouvent toutes un emploi, à condition qu'on les saisisse rapidement au début du processus de cuisson afin qu'elles libèrent leurs huiles aromatiques et qu'elles soient plus digestes. Cette règle souffre quelques exceptions, comme l'usage de la cannelle dans les desserts, ou le garam massala, composé de plusieurs épices, qu'on saupoudre sur un mets à la fin de la préparation. Habituellement toutefois, les épices ne donneront pas le meilleur d'elles-mêmes si on se contente de les jeter dans un ragoût ou sur un légume.

Les fines herbes

Quant aux fines herbes, je me sers de la simple règle suivante : prendre des herbes fraîches, et en mettre partout, généreusement. Leur saveur est incomparable et elles regorgent de vie.

Les tomates

Ce fruit merveilleux, presque aussi populaire en cuisine que le bulbe miraculeux (l'ail), possède mille et un usages et existe en autant de variétés. Rien ne vaut une tomate bien dodue et parfumée, cueillie à la fin du mois d'août. Mais comme la vie serait impensable le reste de l'année sans tomates, nous devons nous tourner vers des solutions de rechange.

Tomates en conserve : Rien à dire contre les tomates en boîte... ou presque. Elles ont peu de goût, elles sont molles et entraînent des résidus métalliques provenant de la moindre bosse dans la boîte de conserve. Les tomates mises en conserve en Italie ont la plus belle couleur, et sont suffisamment acides pour rappeler le fruit frais.

Sauces tomate préparées : J'emploie rarement les différentes sauces tomate qu'on voit alignées sur les rayons de nos supermarchés. Ces sauces sont pleines d'additifs et coûtent trop cher pour ce qu'elles sont, à savoir une pâte de tomate diluée et aromatisée.

Pâte de tomate : Voilà un sous-produit de la tomate que toutes les critiques ne semblent pouvoir faire disparaître. La pâte de tomate a acquis une personnalité propre, comme s'il s'agissait d'un ingrédient distinct de la tomate, ce qu'elle est en fait. Elle sert de toile de fond à bien des plats traditionnels. Elle est très acide et je m'efforce de l'utiliser parcimonieusement.

Tomates séchées : S'il faut absolument se servir d'un substitut concentré de tomate, c'est la tomate séchée que je préfère, un ingrédient central dans la cuisine moderne. Vu qu'il s'agit de tomates séchées naturellement et non concentrées par ébullition, comme dans la pâte de tomate, le résultat est moins acide et sa saveur est moins envahissante. Les tomates séchées vendues confites dans l'huile sont souvent très chères. Pour vous en tirer à meilleur compte, achetez-les sèches ; sous cette forme, elle se conserveront pendant des mois, à condition d'être placées dans un contenant hermétique, à l'abri de la chaleur et de la lumière.

Pour redonner vie aux tomates séchées, plongez-les dans de l'eau chaude pendant 30 minutes, laissez-les égoutter, arrosez-les d'une quantité égale huile d'olive puis conservez-les au réfrigérateur. L'huile deviendra elle-même délicieuse, et vous pourrez vous en servir pour la composition des vinaigrettes ou sur les pâtes. En passant, puisque le sel est le principal ingrédient des tomates séchées (c'est l'agent chimique qui permet la déshydratation), il faudra veiller à réduire les quantités de cet élément dans les recettes qui exigent des tomates séchées.

Tomates fraîches : Rien ne remplacera une tomate fraîche cueillie à point. Le seul hic à son emploi est qu'il faut la peler et l'épépiner. Au moment de la cuisson, la peau a tendance à former de petits rouleaux qui risquent d'offenser le palais. Quant aux pépins, ils ont la fâcheuse habitude d'aller se loger dans tous les recoins de la bouche.

La façon correcte de traiter les tomates est de pratiquer une petite entaille dans la partie charnue, de les laisser tremper dans l'eau bouillante pendant 30 secondes et de les repêcher à l'aide d'une cuillère trouée. La peau s'enlèvera comme un gant, avec la tige. On peut extraire le jus et les pépins des ventricules à l'aide des doigts ou d'une cuillère à thé. La pulpe restante est ce dont on se servira pour les soupes et les sauces. On peut retirer les pépins en passant le jus, qu'on pourra employer dans les soupes et les sauces.

Cela dit, je dois avouer que je suis parfois trop pressé par le temps pour peler et épépiner des montagnes de tomates. Alors, je lave les tomates, j'en ôte la tige et je les coupe en gros cubes. Cette méthode présente l'avantage suivant : pendant la cuisson, la peau se décolle ; puisqu'au départ les morceaux étaient gros, je peux récupérer les quartiers de pelure à la cuillère et continuer comme si de rien n'était. Quant au lambeau de pelure qui échappera toujours à mes recherches et aux pépins qui se disperseront inévitablement dans la sauce, eh bien, c'est le prix à payer pour ce raccourci.

Les citrons

J'ai découvert tellement d'emploi pour ce fruit délicieux que j'ai déjà voulu appeler « *Le Citron* » un restaurant de New York dont j'ai failli devenir le propriétaire. L'univers complexe des baux dans l'île de Manhattan fit échouer mes projets, et je n'ai jamais eu la chance de savoir si le nom de « *Citron* » aurait eu l'heur de plaire aux New-Yorkais.

L'âme du citron, c'est son zeste. C'est la mince couche jaune de la pelure, qui contient l'essence et qui donne vie à tous les plats exigeant du jus de citron. On doit prélever le zeste avant que le citron ne soit tranché, et la seule façon correcte de le faire est de se servir d'un couteau à zester, aussi appelé « zesteur », comme vous le saviez tous, bien sûr. Le couteau à zester, une invention française, est un mince instrument qui ressemble à une rangée de minuscules griffes métalliques montées sur un manche. Il permet de prélever la partie jaune du zeste seulement, sans entamer la couche blanche sous-jacente, qui est amère.

Le couteau à zester permet de créer de jolis rubans aromatiques qui font des miracles dans les sauces. Il est préférable de faire revenir le zeste en début de cuisson (habituellement avec l'ail) afin que sa saveur s'adoucisse par la suite, et qu'il vienne caresser le palais plutôt que le choquer par son intensité. On peut prélever aussi le zeste des oranges et des pamplemousses. Un mot en passant sur les agrumes dont on aura prélevé le zeste : ces fruits se déshydratent rapidement, ayant perdu leur pelure protectrice. Il faut donc les presser de toute urgence. Utilisez le jus dans la recette si elle en exige, ou conservez-le au réfrigérateur ou au congélateur pour un usage ultérieur.

Les haricots et les lentilles

Ce sont les meilleurs amis des végétariens. Ils apportent les protéines, confèrent une texture agréable aux mets et se présentent dans une riche gamme de saveurs rappelant tantôt la noisette, tantôt la viande. Le présent livre vous propose des recettes pour plusieurs variétés, dont les pois chiches, les haricots blancs et rouges, ainsi que les haricots romains, roses et tendres.

Le seul ennui avec les haricots, c'est qu'ils exigent une certaine planification et préparation (le trempage suivi d'une longue cuisson), ce qui semble difficile dans notre vie urbaine affolante. Heureusement, les haricots déjà cuits, en conserve, conviennent tout à fait aux recettes de ce livre, à de rares exceptions près.

Une boîte de 540 ml (19 oz) égouttée donne 500 ml (2 tasses) de haricots. L'égouttage est crucial pour l'obtention de bons résultats. L'eau de conservation des haricots possède à mon sens une odeur métallique résiduelle désagréable. Il faut donc laisser égoutter le contenu de la boîte dès qu'on l'ouvre et, ensuite, rincer délicatement les haricots dans une passoire en les secouant jusqu'à ce qu'ils soient complètement débarrassés du liquide de conservation. Après cela, fait remarquable, ils n'auront d'autre goût que celui du haricot.

Les lentilles (surtout les lentilles vertes) existent aussi en conserve ; il suffit de les rincer comme on ferait avec des haricots. Cependant, elles sont simples à préparer, car elles n'exigent pas de trempage et sont prêtes après 30 minutes de cuisson à feu doux.

Les noix

Bon nombre de recettes du présent livre proviennent de contrées ensoleillées où poussent des noix ; j'en utilise donc de nombreuses variétés : pignons, noix d'acajou, pacanes, noix de Grenoble, amandes et noisettes. J'estime qu'elles confèrent toutes un caractère luxueux et du croquant à un plat, à condition qu'elles soient employées judicieusement, c'est-à-dire avec modération.

Les noix ont meilleur goût une fois rôties. Les pignons, les noix d'acajou et les amandes peuvent être achetés blanchis (mondés) ; les pacanes gagnent à être grillées au four pendant 10 minutes à feu moyen. Dix minutes, pas plus, car elles brûlent facilement. Au sortir du four, prenez soin de les transférer immédiatement dans un autre plat ; autrement, la cuisson se poursuivrait et elles brûleraient.

Quant aux noix de Grenoble, naturellement plus sèches, il est préférable de les faire griller de 2 à 3 minutes dans une poêle, avec un peu d'huile.

Les noisettes, aussi appelées avelines, les plus savoureuses de toutes les noix, ne se présentent habituellement qu'avec la peau. Pour les faire griller, il faudra suivre une autre étape, que je décris dans la recette de BAKLAVA AUX NOISETTES (page 168).

Le fromage

Ils sont heureusement révolus les jours où l'on mettait du fromage fondu sans discernement sur tout, des nachos au brocoli. Les nutritionnistes nous ont appris qu'un excès de fromage est dommageable pour la santé — et pour la ligne. Cependant, personne ne m'empêchera de mettre un bon romano, parmesan ou pecorino sur mes pâtes. Et bien triste serait ma vie sans le fromage de chèvre.

Le fromage de chèvre : Importé ou non, le fromage relativement maigre fabriqué à partir du lait de chèvre est un don du ciel, surtout quand il sort du four. C'est le compagnon idéal des champignons, de la laitue et de l'aubergine. L'huile d'olive et le poivre noir fraîchement moulu le font chanter. Il sait même transformer la pizza en un mets raffiné. Le fromage de chèvre se rapproche d'une nourriture des dieux autant que faire se peut. Certes, il est cher, mais nul n'est besoin d'en consommer des tonnes.

Bien des pays de l'Europe du Sud, comme le Portugal, l'Italie et la Grèce, produisent des fromages à pâte ferme à partir du lait de chèvre. Même s'ils sont tous magnifiques, ceux que je préfère sont ceux à pâte molle qui proviennent de France, et qu'on réussit à imiter avec assez de succès en Amérique du Nord. Ils sont tendres et friables de texture, ont un goût prononcé de lait et sont blancs comme neige. Les fromages français possèdent normalement une savoureuse croûte de moisissure ou de cendre, alors que les variétés produites ici sont habituellement dépourvues de croûte, coûtent moins cher et ont un goût honnête. Personnellement, je consomme les fromages de chèvres français tels quels et j'utilise les équivalents nord-américains pour la cuisson.

La feta : Le fromage de mon enfance grecque est employé un peu partout dans le présent livre parce qu'il se marie si heureusement à nos nourritures préférées. Heureusement, on n'a pas besoin d'être Grec pour l'apprécier. Voici tout de même quelques conseils donnés par un Grec concernant la feta : on doit toujours rincer le fromage feta délicatement pour le débarrasser de la saumure dans lequel il baignait. Si vous le désirez complètement dessalé, très onctueux, conservez-le immergé dans de l'eau fraîche après l'avoir rincé. Rincez-le encore une fois avant usage et préparez-vous à une agréable surprise.

Pour la cuisson au four, on peut prendre la feta fabriquée ici, qui est toujours moins chère que les variétés importées. Par contre, pour les salades, là où compte la vraie saveur, vous devriez opter pour un produits des Balkans, comme la feta bulgare ou, bien entendu, la feta grecque.

Les croûtes de pâte

À peu près toute préparation végétarienne, salée ou sucrée, acquiert de l'élégance et de la noblesse quand elle est présentée en croûte. Une merveille qui enchante aussi bien l'œil que la bouche. Il suffit d'employer une croûte qui s'écarte de celles qu'on faisait dans le passé, à base de saindoux ou de *shortening*.

Pour obéir aux impératifs de notre époque (ainsi qu'à mon palais), je privilégie la croûte à l'huile d'olive (voir la recette à la page 114) dans les mets salés ; pour les desserts, je me tourne vers la pâte phyllo, un classique grec.

La popularité actuelle de la pâte phyllo a de quoi me surprendre, quand on songe qu'elle est si difficile à manier. Elle sèche très rapidement une fois hors de son emballage, ce qui contraint le cuisinier à agir rapidement. En outre, on doit opérer sur un plan de travail très sec, car l'humidité la rend impossible à travailler. Néanmoins, ces précautions en valent la peine, parce que la pâte phyllo se marie au beurre pour produire une pâtisserie aérée et croquante, qui met en valeur tout ce qu'on y enferme.

Par ailleurs, j'adore aussi les croûtes sucrées à base de beurre. En voici une dont le secret m'a été révélé par Ruth Medad, une doyenne en matière de pâtisserie. Je ne propose pas de recettes qui y font appel dans la section « Les desserts » de ce livre, mais j'aimerais quand même vous faire partager ce secret afin que vous puissiez l'utiliser dans vos tourtes ou les fonds de tarte préférés.

Croûte au beurre de Ruth

Moule à tarte de 25 cm (10 po) non beurré

500 ml	farine à pâtisserie	2 tasses
125 ml	sucre	1/2 tasse
15 ml	levure chimique	1 c. à table
200 g	beurre non salé froid	7 oz
2	œufs battus	2
soupçon	extrait de vanille	soupçon
25 ml	farine à pâtisserie	2 c. à table

Donne deux croûtes à tarte

Avec cette pâte, nul besoin de graisser le moule à tarte car elle est suffisamment riche en beurre.

On peut congeler cette pâte sans inconvénient, mais on doit prendre soin de la laisser décongeler au réfrigérateur (pendant au moins 24 heures) afin qu'elle soit à la fois suffisamment molle mais encore froide.

1. Mettre 500 ml (2 tasses) de farine, le sucre et la levure chimique dans le bol d'un robot culinaire. Couper le beurre en gros morceaux et l'ajouter à la farine. Agiter à vitesse élevée de 1 à 2 minutes jusqu'à ce que le mélange ait l'aspect d'une farine grossière.

2. Ajouter les œufs et la vanille. Mélanger à vitesse élevée. La préparation devrait déjà avoir l'aspect d'une pâte, mais être encore un peu fluide. Ajouter 25 ml (2 c. à table) de farine et mélanger à vitesse élevée jusqu'à ce que la pâte cesse d'adhérer aux parois du bol et qu'elle prenne la forme d'une boule. La mettre dans un plat, la couvrir et la laisser environ 1 heure au réfrigérateur.

3. Préparation de la croûte : Diviser la pâte en deux et en mettre la moitié dans un moule à tarte non graissé. Avec les doigts, abaisser la pâte de façon qu'elle recouvre le moule.

4. Finition de la tarte : Il n'est pas nécessaire de précuire la croûte, mais il faudra éviter de la remplir d'une garniture trop humide. Comme on ne peut l'abaisser au rouleau à pâte (elle se déchirerait au moment du transfert), on pourra décorer la tarte de rubans ou d'autres formes.

LES SOUPES

**Donne environ
1/4 l (5 1/2 tasses)
de bouillon**

*Nulle cuisine ne saurait fonc-
tionner sans les ingrédients de
base, et le bouillon en fait partie. Il sert de base aux soupes,
aux sauces et aux cocottes.
Dans ma cuisine, j'ai toujours
deux sortes de bouillons sous
la main. Celui qui vous est
proposé ici est le plus polyva-
lent des deux, et ses possibilités
d'emploi sont illimitées.*

*Le bouillon supporte la congé-
lation sans perte de saveur per-
ceptible. Je vous recommande
de le congeler en portions
pratiques de 250 ml (1 tasse).*

*Pour la préparation des sauces,
préparez une version concentrée
de ce bouillon en le faisant tout
simplement réduire de moitié.*

*Prenez soin de bien laver les
poireaux, en les fendant par le
milieu et en chassant tous les
grains de sable qui auraient pu
se loger à la jonction des parties
verte et blanche.*

Bouillon de légumes

50 ml	huile d'olive	1/4 tasse
2 ml	graines de fenouil	1/2 c. à thé
500 ml	poireau haché finement (le blanc et le vert)	2 tasses
375 ml	feuilles ou branches de céleri hachées finement, bien tassées	1 1/2 tasse
375 ml	carottes hachées finement	1 1/2 tasse
375 ml	oignons hachés finement	1 1/2 tasse
2 l	eau	8 tasses
2	navets de taille moyenne, coupés en morceaux	2
1	brocoli (tiges seulement) ou chou-fleur, coupé en morceaux	1
2	feuilles de laurier	2
	brins de persil, de coriandre ou de basilic frais	
5 ml	sel	1 c. à thé

1. Chauffer l'huile à feu mi-élevé dans une grande casserole
   ou un fait-tout pendant 1 minute. Ajouter les graines de
   fenouil et remuer. Ajouter le poireau, le céleri, les carottes et
   les oignons ; laisser cuire environ 10 minutes en remuant
   fréquemment jusqu'à ce que le mélange ait réduit de moitié.

2. Verser l'eau, déglacer la casserole et bien mélanger. Ajouter
   le navet, le brocoli ou le chou-fleur, les feuilles de laurier et
   les fines herbes. Porter à ébullition, réduire le feu, puis poursuivre la cuisson à découvert de 30 à 35 minutes. Couvrir
   et laisser reposer 10 minutes.

3. Passer la préparation à travers un tamis fin et récupérer le
   bouillon dans un bol. Ne pas presser sur les ingrédients
   solides. Saler le bouillon. Le réfrigérer ou l'utiliser immédiatement.

Soupe au riz avgolemono

1 l	bouillon de légumes (voir la recette à la page précédente)	4 tasses
25 ml	beurre	2 c. à table
25 ml	farine	2 c. à table
500 ml	riz blanc cuit	2 tasses
2	jaunes d'œuf	2
45 ml	jus de citron	3 c. à table
	sel et poivre au goût	
	quelques brins de persil frais haché	

Donne 4 portions

Mes amis Grecs amateurs de soupe crieront peut-être au sacrilège, mais notre célèbre soupe aux œufs et au citron peut être réalisée en remplaçant le bouillon de poulet par du bouillon de légumes et en suivant la méthode classique.

Puisque nous parlons de méthode, je me suis permis quelques raffinements (le petit roux, l'emploi des jaunes seulement au lieu d'œufs entiers), idées que je dois à mon ami et chef cuisinier Lambrino, et qui ont pour effet de rendre la soupe encore plus veloutée et, bonne nouvelle, moins susceptible de tourner au moment où on la chauffe à la toute fin, ou lorsqu'on réchauffe un reste.

1. Chauffer le bouillon de légumes dans une grande casserole à feu doux jusqu'à ce qu'il soit bien chaud.

2. Pendant ce temps, dans une autre grande casserole ou un fait-tout, faire fondre le beurre à feu moyen pendant 1 ou 2 minutes, sans le laisser brunir. Ajouter la farine et remuer pendant 3 ou 4 minutes, jusqu'à ce qu'elle ait été complètement absorbée, que le roux commence à faire des bulles et qu'il adhère légèrement au fond de la casserole.

3. Ajouter le bouillon chaud d'un trait au roux en battant sans arrêt au fouet, jusqu'à ce que la préparation commence à être homogène et à épaissir. Cuire de 2 à 3 minutes, en remuant, puis ajouter le riz. Bien mélanger et poursuivre la cuisson encore 1 minute. Retirer du feu et laisser reposer quelques minutes.

4. Battre au fouet dans un grand bol les jaunes d'œuf et le jus de citron pendant 1 à 2 minutes. Verser dans les œufs une petite louche de soupe chaude et battre énergiquement. Continuer à verser de petites quantités de soupe et à battre la préparation jusqu'à ce que 500 ml (2 tasses) de soupe aient été ajoutés aux jaunes d'œuf. Verser alors le reste de la soupe sans discontinuer, toujours en battant, jusqu'à ce que la totalité de la soupe ait été émulsionnée.

5. Remettre la soupe dans la casserole. Saler et poivrer. Réchauffer à feu doux pendant 4 à 5 minutes en remuant sans arrêt, jusqu'à ce que la soupe soit sur le point de bouillir. Retirer du feu et servir. Garnir de persil haché.

Donne 2 portions

Veloutée et aromatique, cette soupe se sert aussi bien chaude que froide, quoique dans ce cas il vous faudra la préparer une journée à l'avance. Dans un cas comme dans l'autre, il est essentiel de la présenter accompagnée de pointes de tortillas frites, qu'il faut mettre de la poêle directement dans la soupe. Les tortillas frites et l'avocat font de cette soupe une entrée plutôt riche en calories ; on a intérêt à la faire suivre d'un plat de résistance léger.

Soupe à l'avocat

VOIR PHOTO, PAGE 32

1	avocat bien mûr	1
15 ml	jus de lime	1 c. à table
1	tomate	1
500 ml	BOUILLON DE LÉGUMES (voir la recette à la page 28)	2 tasses
2	oignons verts émincés	2
25 ml	huile végétale	2 c. à table
2	petites tortillas de blé ou de maïs, coupées en pointes	2
50 ml	concombre coupé en petits dés	1/4 tasse
	quelques brins de coriandre fraîche hachée grossièrement	
	Facultatif : Sauce piquante ou SALSA CYNTHIA (voir la recette à la page 49)	

1. Couper l'avocat en deux, jeter le noyau et mettre la pulpe dans le bol d'un robot culinaire. Ajouter le jus de lime.

2. Blanchir la tomate à l'eau bouillante pendant 30 secondes. La peler, l'étrogner et l'épépiner au-dessus d'un bol. En hacher la chair grossièrement et la mettre dans le robot culinaire. Récupérer et passer tout le jus qui aurait pu s'accumuler dans le bol et l'ajouter au contenu du robot culinaire.

3. Dans une casserole, chauffer le bouillon de légumes à feu doux jusqu'à ce qu'il soit tiède. En verser la moitié environ dans le bol du robot culinaire, et mélanger à haute vitesse pendant 30 secondes. Ajouter le reste du bouillon et mélanger pendant encore 1 minute.

4. Verser le contenu du robot culinaire dans la casserole. Porter à ébullition en remuant sans arrêt, puis réduire le feu au minimum et poursuivre la cuisson à feu doux pendant environ 5 minutes, en remuant fréquemment. Ajouter les oignons verts ; remuer et laisser mijoter encore 1 minute. Éteindre le feu, couvrir et laisser reposer 5 à 10 minutes. Si l'on désire servir la soupe froide, la laisser refroidir et puis la réfrigérer.

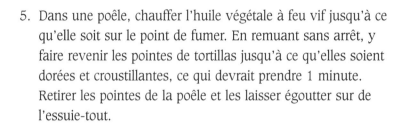

5. Dans une poêle, chauffer l'huile végétale à feu vif jusqu'à ce qu'elle soit sur le point de fumer. En remuant sans arrêt, y faire revenir les pointes de tortillas jusqu'à ce qu'elles soient dorées et croustillantes, ce qui devrait prendre 1 minute. Retirer les pointes de la poêle et les laisser égoutter sur de l'essuie-tout.

6. Servir la soupe dans des bols. Garnir de triangles de tortillas, de concombre et de coriandre. Si on le désire, décorer la soupe d'une cuillerée de sauce piquante ou de salsa. Servir immédiatement.

Bouillon de champignons

50 g	champignons shiitakes déshydratés	2 oz
50 ml	huile d'olive	1/4 tasse
pincée	muscade râpée	pincée
375 ml	feuilles ou branches de céleri hachées finement	1 1/2 tasse
375 ml	carottes hachées finement	1 1/2 tasse
375 ml	oignons hachés finement	1 1/2 tasse
2 l	eau	8 tasses
2	feuilles de laurier	2
3	clous de girofle	3
	brins de persil, de coriandre ou de basilic frais	
5 ml	sel	1 c. à thé

Donne environ 1,5 l (6 tasses)

Avec son subtil arôme de champignon, ce bouillon est l'âme d'une soupe aux champignons exquise ainsi que d'un risotto aux champignons «crémeux mais sans crème» que j'adore.

Ce bouillon peut aussi être utilisé avantageusement dans toutes les sauces ou soupes susceptibles de profiter de son essence délicate de champignon.

Pour les sauces, préparez une version concentrée du bouillon : il suffit pour cela de le laisser réduire de moitié.

1. Mettre les champignons dans un bol et y verser suffisamment d'eau bouillante pour les recouvrir. Laisser tremper 30 minutes, puis égoutter (en jetant le liquide de trempage) ; hacher en morceaux de 1 cm (1/2 po). Réserver.

2. Dans une grande casserole ou un fait-tout, chauffer l'huile à feu mi-élevé pendant 1 minute. Ajouter la muscade et remuer. Ajouter le céleri, les carottes, les oignons et les champignons. Cuire en remuant fréquemment pendant environ 10 minutes, jusqu'à ce que le bouillon ait réduit de moitié.

3. Verser l'eau, déglacer la casserole et bien mélanger. Ajouter les feuilles de laurier, les clous de girofle et les herbes fraîches. Porter à ébullition, réduire le feu, puis poursuivre la cuisson à découvert pendant 30 à 35 minutes. Couvrir et laisser reposer 10 minutes.

4. Passer la préparation à travers un tamis fin et récupérer le bouillon dans un bol. Ne pas presser sur les ingrédients solides. Saler le bouillon. Le réfrigérer ou l'utiliser immédiatement.

SOUPE À L'AVOCAT (PAGE 30), AVEC DES POINTES DE TORTILLAS FRITES ET DE LA SALSA CYNTHIA (PAGE 49) ➤

Soupe claire aux champignons

1,25 l	BOUILLON DE CHAMPIGNONS (voir la recette à la page précédente)	5 tasses
45 ml	beurre	3 c. à table
1 ml	sel	1/4 c. à thé
1 ml	poivre noir	1/4 c. à thé
750 ml	champignons tranchés (sauvages ou cultivés)	3 tasses
25 ml	jus de citron	2 c. à table
	quelques brins de persil	

Donne 4 portions

Aussi délicieuse que digeste, cette soupe est parfaite comme entrée à un grand repas ou à un repas de fête. Faible en matières grasses, riche en saveur, elle purifie le palais et prépare l'estomac pour la suite.

1. Chauffer le bouillon de champignons dans une casserole à feu lent jusqu'à ce qu'il soit très chaud. Ne pas laisser bouillir.

2. Pendant ce temps, faire fondre le beurre dans une grande poêle à feu vif jusqu'à ce qu'il grésille. Ajouter le sel et le poivre, puis remuer. Ajouter les champignons tranchés et faire sauter jusqu'à ce qu'ils soient dorés, soit pendant 5 à 6 minutes. Retirer du feu et incorporer le jus de citron.

3. Partager les champignons et les jus accumulés dans la poêle entre quatre bols à soupe. Répartir le bouillon de champignons chaud dans les bols. Décorer de deux ou trois brins de persil et servir immédiatement.

◄ SALADE D'IGNAME ET DE PACANES (PAGE 72)

Purée de légumes à la française

Préchauffer le four à 210 °C (400 °F)

1	petit brocoli	1
2 l	eau	8 tasses
625 g	pommes de terre nouvelles, nettoyées	1 1/4 lb
1,25 l	poireau haché finement (le blanc et le vert)	5 tasses
3	carottes de taille moyenne	3
3	oignons de taille moyenne, hachés grossièrement	3
5 ml	sel	1 c. à thé
150 g	haricots verts, parés et coupés en deux	6 oz
500 ml	eau	2 tasses
4	tranches épaisses de pain croûté, coupées en cubes de 2 cm (1 po)	4
25 ml	huile d'olive	2 c. à table
15 ml	jus de citron	1 c. à table
125 ml	mayonnaise à l'ail ou AÏOLI (voir la recette à la page 46)	1/2 tasse

Donne de 6 à 8 portions

Malgré le prestige dont jouissent certaines soupes françaises, comme la soupe à l'oignon et la vichyssoise, le potage de choix en France (notamment dans les menus des tables d'hôte) est une simple purée de légumes. Voici une version de ce plat que vous ne pourrez rater, auquel j'ai apporté quelques petites améliorations de mon cru. Je prépare ma purée sans beurre ni huile, ce qui est tant mieux si l'on songe à la teneur en matières grasses des croûtons et de la mayonnaise à l'ail (aïoli) qui l'accompagnent.

Prenez soin de bien laver les poireaux, en les fendant par le milieu et en chassant tous les grains de sable qui auraient pu se loger à la jonction des parties verte et blanche.

1. Parer le brocoli en enlevant les bouquets et en coupant les tiges en trois tronçons. Porter l'eau à ébullition à feu vif dans une grande casserole ou un fait-tout. Ajouter les tiges de brocoli, les pommes de terre, les poireaux, les carottes, les oignons et le sel. Porter la soupe à ébullition ; réduire le feu à moyen et poursuivre la cuisson pendant 20 à 25 minutes sans remuer jusqu'à ce que les pommes de terre et les carottes aient ramolli.

2. Ajouter les bouquets de brocoli et les haricots verts. Cuire encore pendant 15 à 20 minutes, jusqu'à ce que les légumes soient tendres. Retirer du feu et laisser refroidir.

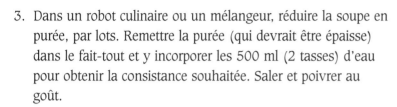

3. Dans un robot culinaire ou un mélangeur, réduire la soupe en purée, par lots. Remettre la purée (qui devrait être épaisse) dans le fait-tout et y incorporer les 500 ml (2 tasses) d'eau pour obtenir la consistance souhaitée. Saler et poivrer au goût.

4. Préparation des croûtons : Étaler les cubes de pain en une couche simple sur une plaque à biscuits. Les arroser uniformément d'huile d'olive. Cuire au four de 8 à 10 minutes ; retourner les croûtons et poursuivre la cuisson encore 5 minutes ou davantage, jusqu'à ce qu'ils soient dorés.

5. Réchauffer la soupe au besoin jusqu'à ce qu'elle soit sur le point de bouillir. Servir dans des bols plats. Arroser d'un peu de jus de citron et garnir de croûtons. Laisser tomber une bonne cuillerée d'aïoli au milieu de la soupe. Garnir de persil haché et servir sans tarder.

Potage de lentilles à l'italienne

Donne de 8 à 10 portions

Les lentilles sont nourrissantes, nutritives, délicieuses et se prêtent à de multiples usages. Je les utilise de plusieurs façons. Ce potage est un de mes préférés pour les repas d'hiver. Recette toute simple, car ses ingrédients sont cuits ensemble. Le double emploi du fenouil (frais et sous forme de graines) et son mariage final avec le fromage qui sert de garniture, voilà ce qui témoigne du caractère italien de cette soupe.

Les tomates en boîte sont bien pratiques, mais vous pouvez prendre 750 g (1 1/2 lb) de tomates fraîches blanchies, pelées et hachées.

Vous pouvez vous contenter d'exécuter la moitié seulement de cette recette, mais sachez que la soupe se congèle et se réchauffe très bien, sans perte notable de saveur.

625 ml	lentilles vertes, rincées et égouttées	2 1/2 tasses
3 l	eau	12 tasses
5 ml	sel	1 c. à thé
500 ml	oignons hachés	2 tasses
1	grosse carotte coupée en dés	1
1	bulbe de fenouil tranché finement	1
6	gousses d'ail hachées	6
1	boîte de 796 ml (28 oz) de tomates écrasées	1
3	feuilles de laurier	3
125 ml	persil frais haché bien tassé	1/2 tasse
20 ml	vinaigre balsamique	1 1/2 c. à table
50 ml	huile d'olive	1/4 tasse
5 ml	graines de fenouil	1 c. à thé
2 ml	flocons de chili	1/2 c. à thé
2 ml	poivre noir	1/2 c. à thé
	pecorino ou parmesan râpé	
	huile d'olive extra-vierge comme accompagnement	

1. Dans une grande casserole ou un fait-tout, recouvrir les lentilles d'eau ; ajouter le sel et laisser tremper environ 20 minutes.

2. Ajouter les oignons, les carottes, le fenouil, l'ail, les tomates, les feuilles de laurier, le persil et le vinaigre balsamique. Porter à ébullition, en remuant de temps en temps.

3. Pendant ce temps, chauffer l'huile dans une petite poêle à feu vif pendant 30 secondes. Ajouter les graines de fenouil, les flocons de chili et le poivre noir. Faire sauter pendant un peu moins de 1 minute et retirer du feu. Réserver.

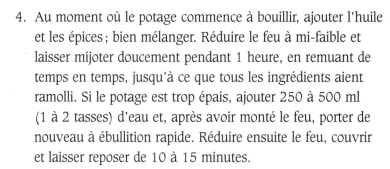

4. Au moment où le potage commence à bouillir, ajouter l'huile et les épices ; bien mélanger. Réduire le feu à mi-faible et laisser mijoter doucement pendant 1 heure, en remuant de temps en temps, jusqu'à ce que tous les ingrédients aient ramolli. Si le potage est trop épais, ajouter 250 à 500 ml (1 à 2 tasses) d'eau et, après avoir monté le feu, porter de nouveau à ébullition rapide. Réduire ensuite le feu, couvrir et laisser reposer de 10 à 15 minutes.

5. Servir accompagné de fromage râpé et d'une coupe d'huile d'olive.

Soupe à l'oignon végétarienne

Préchauffer le four à 230 °C (450 °F)

4 bols à soupe à l'oignon d'une capacité de 375 ml (1 1/2 tasse) d'environ 5 cm (2 po) de profondeur et de 13 cm (5 po) de diamètre

Donne 4 portions

Pour les Français, la soupe à l'oignon est un repas en soi que l'on accompagne de baguette ou que l'on avale le soir pour tromper la faim, surtout après avoir passé la soirée dans un bar. Cette version se prépare avec du beurre au lieu du saindoux, plus classique, mais son goût se rapproche quand même de l'original. Un traditionnel verre de vin rouge accompagne admirablement cette soupe et fait chuter par le fait même votre taux de cholestérol.

125 ml	beurre	1/2 tasse
2 ml	poivre noir	1/2 c. à thé
1 l	oignons tranchés finement	4 tasses
375 ml	vin blanc sec	1 1/2 tasse
1 l	eau	4 tasses
50 ml	persil frais haché bien tassé	1/4 tasse
25 ml	sauce soja	2 c. à table
5 ml	thym séché	1 c. à thé
2	feuilles de laurier	2
2	clous de girofle	2
4	grandes tranches de pain rôties épaisses de 1 cm (1/2 po)	4
750 ml	fromage suisse, cheddar doux ou gouda	3 tasses

1. Faire fondre le beurre à feu moyen dans une grande casserole ou un fait-tout, et le chauffer jusqu'à ce qu'il soit légèrement bruni. Ajouter le poivre et remuer. Ajouter les oignons et cuire de 3 à 4 minutes en remuant, jusqu'à ce qu'ils soient enrobés de beurre. Poursuivre la cuisson pendant 30 minutes, en remuant toutes les 3 ou 4 minutes, jusqu'à ce que les oignons aient fondu et soient brun pâle (en prenant grand soin de ne pas les faire brûler).

2. Verser le vin blanc et remuer énergiquement de 2 à 3 minutes à l'aide d'une cuillère de bois, en déglaçant la casserole et en détachant du fond tous les résidus dorés qui pourraient y adhérer (ce sont ces résidus qui confèrent à la soupe son goût caractéristique). Porter à ébullition et cuire encore 2 à 3 minutes en remuant. Ajouter l'eau, le persil, la sauce soja, le thym, les feuilles de laurier et les clous de girofle. Porter la soupe à ébullition.

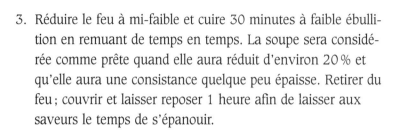

3. Réduire le feu à mi-faible et cuire 30 minutes à faible ébullition en remuant de temps en temps. La soupe sera considérée comme prête quand elle aura réduit d'environ 20 % et qu'elle aura une consistance quelque peu épaisse. Retirer du feu ; couvrir et laisser reposer 1 heure afin de laisser aux saveurs le temps de s'épanouir.

4. Répartir la soupe dans les quatre bols. Déposer dans chaque bol une tranche de pain et recouvrir de fromage.

5. Cuire 15 minutes dans le four préchauffé jusqu'à ce que le fromage projette des bulles et commence à dorer. Servir sans attendre.

Fassolada
(Potage de haricots à la grecque)

625 ml	haricots blancs séchés	2 1/2 tasses
15 ml	bicarbonate de sodium	1 c. à table
3 l	eau	12 tasses
1	oignon coupé en dés	1
1	grosse carotte coupée en dés	1
125 ml	feuilles de céleri fraîches bien tassées (ou 2 tiges de céleri hachées finement)	1/2 tasse
25 ml	pâte de tomate	2 c. à table
5 ml	jus de citron	1 c. à thé
1	tomate de taille moyenne blanchie, pelée et hachée	1
5 ml	romarin, basilic ou origan séché	1 c. à thé
5 ml	sel	1 c. à thé
2 ml	poivre noir	1/2 c. à thé
50 ml	persil frais haché bien tassé	1/4 tasse
50 ml	huile d'olive	1/4 tasse
	huile d'olive extra-vierge, olives hachées, oignon rouge haché et feta	

Donne 8 portions

Plat national de la Grèce, ce potage économique, faible en calories, d'exécution facile et délicieux déborde de saveur et d'éléments nutritifs. Son seul inconvénient est que sa préparation nécessite des heures et des heures, pour ne pas dire des jours. En temps normal, je laisse tremper les haricots pendant la nuit et je cuis la soupe le lendemain. Je la réfrigère ensuite (sa saveur s'améliore avec le temps) et je la sers le troisième jour. L'attente en vaut la peine.

Ce potage doit être consistant; mais s'il devait l'être trop, ajoutez 250 à 500 ml (1 à 2 tasses) d'eau, remuez et portez de nouveau à ébullition.

Vous pouvez vous contenter d'exécuter la moitié seulement de cette recette, mais sachez que la soupe se congèle et se réchauffe très bien, sans perte notable de saveur.

1. Faire tremper les haricots dans un grand bol rempli d'eau chaude. Ajouter le bicarbonate de sodium et bien mélanger. (L'eau se mettra à mousser et retirera une certaine partie des gaz des haricots.) Laisser tremper au moins 3 heures, de préférence toute une nuit, à température ambiante.

2. Laisser égoutter les haricots et les mettre dans un fait-tout. Ajouter une bonne quantité d'eau et porter à ébullition. Réduire le feu à mi-faible et laisser mijoter 30 minutes, en écumant la soupe de temps en temps.

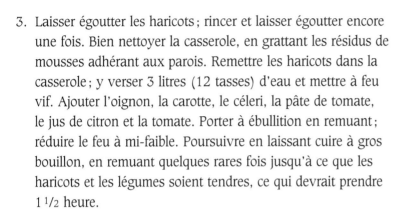

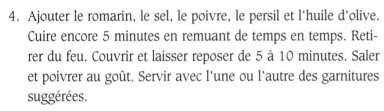

3. Laisser égoutter les haricots; rincer et laisser égoutter encore une fois. Bien nettoyer la casserole, en grattant les résidus de mousses adhérant aux parois. Remettre les haricots dans la casserole; y verser 3 litres (12 tasses) d'eau et mettre à feu vif. Ajouter l'oignon, la carotte, le céleri, la pâte de tomate, le jus de citron et la tomate. Porter à ébullition en remuant; réduire le feu à mi-faible. Poursuivre en laissant cuire à gros bouillon, en remuant quelques rares fois jusqu'à ce que les haricots et les légumes soient tendres, ce qui devrait prendre 1 1/2 heure.

4. Ajouter le romarin, le sel, le poivre, le persil et l'huile d'olive. Cuire encore 5 minutes en remuant de temps en temps. Retirer du feu. Couvrir et laisser reposer de 5 à 10 minutes. Saler et poivrer au goût. Servir avec l'une ou l'autre des garnitures suggérées.

LES SAUCES ET CONDIMENTS

Les Grecs, c'est bien connu, aiment tellement l'huile qu'ils mélangent leur huile avec d'autre huile, c'est-à-dire des huiles piquantes ou aromatisées. Voici deux recettes d'huile piquante ; l'une, orientale, sert à relever des mets tels que les ROULEAUX DU PRINTEMPS *(voir la recette à la page 92) et les* NOUILLES « DON DON » *(page 74) ; l'autre est à base d'huile d'olive et peut accompagner à peu près n'importe quoi (particulièrement les pâtes et la pizza).*

Ces deux sortes d'huile peuvent être préparées à l'avance et conservées plusieurs jours au réfrigérateur dans des flacons hermétiques.

Huile piquante

Le-chou-yao (huile piquante à l'orientale)

Donne environ 75 ml (1/3 tasse)

50 ml	huile végétale	1/4 tasse
5 ml	flocons de chili	1 c. à thé
15 ml	sauce soja	1 c. à table

Chauffer l'huile à feu vif dans une petite casserole jusqu'à ce qu'elle soit sur le point de fumer, ce qui devrait prendre de 1 à 2 minutes. Retirer du feu et ajouter les flocons de chili ; ils grésilleront et deviendront sombres. (S'ils devaient noircir, c'est que l'huile est trop chaude ; reprendre l'opération depuis le début.) Verser la sauce soja avec prudence ; il y aura risque d'éclaboussures pendant 5 à 10 secondes. Quand cesse le grésillement, mettre l'huile dans un bol de service.

Huile d'olive piquante

Donne environ 75 ml (1/3 tasse)

50 ml	huile d'olive	1/4 tasse
2	gousses d'ail, légèrement écrasées mais non pressées	2
5 ml	flocons de chili	1 c. à thé
5 ml	vinaigre balsamique	1 c. à thé

1. Chauffer l'huile d'olive à feu vif pendant 30 secondes dans une petite casserole. Ajouter l'ail ; cuire 1 à 2 minutes ou jusqu'à ce que l'ail commence à dorer. Retirer du feu ; enlever l'ail de l'huile et le jeter.

2. Sans attendre, ajouter les flocons de chili ; ils grésilleront et deviendront sombres. Verser le vinaigre avec prudence ; il y aura risque d'éclaboussures pendant 5 à 10 secondes. Quand cesse le grésillement, mettre l'huile dans un bol de service.

Vinaigrette

25 ml	échalotes ou oignons rouges émincés	2 c. à table
15 ml	moutarde française, en grains ou régulière	1 c. à table
15 ml	vinaigre de vin blanc	1 c. à table
15 ml	ail pressé	1 c. à table
50 ml	huile d'olive extra-vierge	1/4 tasse
	quelques brins d'estragon ou de persil frais haché	
	sel et poivre au goût	

Dans un bol, battre au fouet les échalotes, la moutarde, le vinaigre et l'ail. Verser l'huile en un mince filet, en fouettant sans cesse, jusqu'à ce qu'elle soit émulsionnée. Ajouter les herbes fraîches hachées et battre. Saler et poivrer au goût.

**Donne environ
125 ml (1/2 tasse)**

La vinaigrette à l'huile est l'accompagnement classique de toute salade. Idéale pour tous types de laitues, elle peut servir de trempette pour des légumes comme les asperges.

On peut préparer la vinaigrette à l'avance et la conserver au réfrigérateur ou à la température ambiante. Toujours prendre soin de l'émulsionner de nouveau avant de la consommer.

Aïoli
(Mayonnaise à l'ail)

**Donne environ
300 ml (1 1/4 tasse)**

La facilité d'utilisation du robot culinaire rend inutile l'achat de mayonnaise commerciale. Ce qui exigeait jadis une quantité considérable de travail et d'énergie peut être réalisé maintenant en un rien de temps (si l'on fait abstraction de la vaisselle). Cet accompagnement est particulièrement heureux avec des laitues légèrement amères, comme le cresson, l'endive et la scarole. Par ailleurs, l'aïoli est tout aussi bon sur les laitues légères comme la laitue Boston ou la laitue grasse.

2	jaunes d'œuf	2
25 ml	jus de citron	2 c. à table
15 ml	ail pressé	1 c. à table
15 ml	vinaigre de vin rouge	1 c. à table
5 ml	moutarde de Dijon	1 c. à thé
250 ml	huile d'olive extra-vierge	1 tasse
	sel et poivre au goût	

1. Dans le bol du robot culinaire, battre les jaunes d'œuf à haute vitesse pendant 30 secondes, jusqu'à ce qu'ils pâlissent. Ajouter le jus de citron, l'ail, le vinaigre et la moutarde. Battre à haute vitesse jusqu'à ce que la préparation soit mousseuse.

2. Pendant que le robot tourne à haute vitesse, ajouter l'huile par l'orifice d'alimentation, d'abord goutte à goutte, puis en un filet constant. Une fois toute l'huile ajoutée, la préparation devrait avoir considérablement épaissi.

3. Mettre la mayonnaise dans un bol. Saler et poivrer au goût. Pour accompagner des plats tels que les soupes, utiliser l'aïoli tel quel. Pour les salades, incorporer à l'aïoli 45 à 60 ml (3 à 4 c. à table) d'eau froide, 15 ml (1 c. à table) à la fois, à l'aide du fouet, jusqu'à ce que la sauce ait la consistance souhaitée. L'aïoli se conserve 2 ou 3 jours au réfrigérateur dans un contenant hermétique.

Sauce au sésame

45 ml	sauce au sésame chinoise	3 c. à table
125 ml	eau chaude	$^1/_2$ tasse
15 ml	gingembre émincé	1 c. à table
2	oignons verts hachés finement	2
25 ml	vinaigre de riz ou jus de lime	2 c. à table
5 à 15 ml	sauce soja	1 à 3 c. à thé

Prélever la sauce au sésame à même le bocal en prenant un peu d'huile et la mettre dans un petit bol. Défaire les grumeaux à la fourchette, puis incorporer l'eau chaude au fouet, en y allant progressivement. (La préparation paraîtra grumeleuse au début, mais elle deviendra très homogène après 2 à 3 minutes d'agitation.) Ajouter le gingembre, les oignons verts, le vinaigre de riz et la sauce soja au goût. Battre le tout au fouet jusqu'à homogénéité.

Donne environ 250 ml (1 tasse)

Sauce à salade légère et aromatique à base de sauce au sésame chinoise, cette pâte de couleur brune est faite à partir de graines de sésame et vendue dans les épiceries orientales. Cette substance, qui rappelle le tahini, est assez dense, et quelques centimètres d'huile flottent à sa surface. Pour notre recette, il est essentiel d'utiliser aussi bien la partie solide que l'huile (un rapport de 1 partie d'huile pour 4 parties de solide). Cette sauce peut se servir dans la salade, mais elle convient surtout aux légumes blanchis ou crus, comme le brocoli, les carottes, les pois mange-tout et les germes de haricot.

Vous pouvez préparer cette sauce à l'avance et la conserver dans un contenant hermétique. Au réfrigérateur, elle se solidifiera mais redeviendra liquide à température ambiante. On n'a alors qu'à la battre au fouet. Servir la sauce à côté de la salade; elle a tendance à sécher en surface si elle est incorporée aux légumes à l'avance.

Pico de gallo
(Sauce piquante à la mexicaine)

1	tomate de taille moyenne coupée en dés de 0,5 cm (1/4 po)	1
50 ml	oignons rouges coupés en petits dés	1/4 tasse
2	piments jalapeños, coupés en petits dés (avec ou sans les graines, selon le degré de piquant souhaité)	2
2 ml	sel	1/2 c. à thé
15 ml	jus de lime	1 c. à table
15 ml	huile végétale	1 c. à table
	quelques brins de coriandre fraîche hachée	

1. Mélanger dans un bol la tomate, les oignons, les jalapeños, le sel et le jus de lime. Bien mélanger en agitant. Ajouter l'huile et agiter encore une fois.

2. Mettre dans un bol de service et parsemer la sauce de coriandre hachée. Pour obtenir un maximum de saveur, laisser reposer environ 1 heure à couvert et à température ambiante. Servir avec les plats de résistance et les amuse-gueule.

Donne environ 250 ml (1 tasse)

Cette sauce délicieuse, explosive et polyvalente n'exige aucune cuisson et se conserve sans problème 2 ou 3 jours au réfrigérateur, même si elle est à son meilleur 1 heure après sa préparation. Vous pouvez doser son degré de piquant en jouant sur la quantité de graines de jalapeño.

Prenez la précaution de porter des gants lorsque vous manipulez des piments ; autrement, prenez soin de bien vous laver les mains.

Salsa Cynthia

VOIR PHOTO, PAGE 32

4	tomates bien mûres	4
1	oignon rouge ou blanc, coupé en huit quartiers	1
2	gousses d'ail écrasées	2
pincée	sel	pincée
5	piments jalapeños	5
25 ml	huile végétale	2 c. à table
15 ml	jus de lime	1 c. à table
	quelques brins de coriandre fraîche hachée	

Donne environ 500 ml (2 tasses)

Cette salsa est idéale comme trempette pour les nachos et accompagne à merveille les mets mexicains, comme les enchiladas, ainsi que les salsas et les soupes à base d'avocat. Je dédie cette recette à mon amie Cynthia Good, qui adore les plats piquants.

La saveur de cette sauce s'améliore après une conservation de 3 ou 4 jours au réfrigérateur. Bien agiter avant de consommer.

Prenez la précaution de porter des gants lorsque vous manipulez des piments; autrement, prenez soin de bien vous laver les mains.

1. Blanchir les tomates à l'eau bouillante pendant 30 secondes. Les peler, les étrogner et les épépiner au-dessus d'un bol. En hacher la chair grossièrement et la mettre dans le bol du robot culinaire. Récupérer et passer tout le jus qui aurait pu s'accumuler dans le bol et l'ajouter au contenu du robot culinaire. Ajouter les quartiers d'oignon, l'ail et le sel.

2. Enlever le pédoncule des jalapeños; couper ces derniers en deux. Les évider et jeter la plupart des graines (ce sont les graines qui confèrent son caractère piquant à la sauce). Hacher grossièrement les piments et les mettre dans le robot culinaire avec les graines conservées. Mélanger en mode marche/arrêt jusqu'à l'obtention d'une sauce grumeleuse.

3. Mettre le mélange dans une casserole, ajouter l'huile végétale, puis cuire à feu moyen jusqu'à ce que la sauce projette quelques bulles et qu'elle se recouvre d'une mousse rose, ce qui devrait prendre de 6 à 8 minutes. Retirer du feu et laisser refroidir la salsa au moins 10 minutes.

4. Ajouter le jus de lime et la coriandre hachée; bien remuer et servir.

**Donne 325 ml
(1 1/3 tasse)**

Semblables aux raïtas afghans et indiens, cette sauce rafraîchissante et stimulante à la fois, complète de façon exquise les courgettes frites à la grecque et peut servir de magnifique trempette pour les crudités. En fait, vous pouvez l'employer pour relever n'importe quel plat méditerranéen. Le tzatziki gagne à être préparé à l'avance et se conserve sans problème 3 jours au réfrigérateur (après quoi le goût de l'ail devient trop dominant). S'il sort du réfrigérateur, on doit le laisser attendre à la température ambiante avant de le consommer.

Tzatziki

VOIR PHOTO, PAGE 65

125 ml	concombre anglais pelé et râpé grossièrement	1/2 tasse
250 ml	yogourt	1 tasse
2	gousses d'ail	2
	sel au goût	
5 ml	huile d'olive extra-vierge	1 c. à thé
pincée	poivre de Cayenne ou paprika	pincée

1. Laisser égoutter le concombre dans une passoire, en se servant des mains pour en exprimer un maximum de jus (le jus récupéré peut être utilisé comme astringent pour les soins du visage).

2. Dans un bol, mélanger le concombre et le yogourt. Presser l'ail directement dans le bol; mélanger. Saler au goût.

3. Mettre la sauce dans un bol de service et laisser reposer 10 minutes. Immédiatement avant de servir, arroser d'un peu d'huile d'olive et saupoudrer de poivre de Cayenne (pour une sauce piquante) ou de paprika (pour une sauce douce).

Raïta au concombre

VOIR PHOTO, PAGE 129

250 ml	yogourt	1 tasse
325 ml	concombre anglais pelé et coupé en petits dés	1 ¹/₃ tasse
25 ml	menthe fraîche hachée	2 c. à table
15 ml	jus de citron	1 c. à table
5 ml	huile végétale	1 c. à thé
	sel au goût	
2 ml	garam massala	¹/₂ c. à thé

1. Mélanger dans un bol le yogourt et le concombre. Y incorporer la menthe, le jus de citron et l'huile. Saler au goût; bien mélanger.

2. Mettre la préparation dans un bol de service et saupoudrer le raïta de garam massala (ne pas l'y incorporer). Laisser reposer 30 minutes à température ambiante avant de servir.

**Donne 500 ml
(2 tasses)**

Sauce d'inspiration indienne se prêtant à de multiples usages. On doit l'utiliser obligatoirement avec les mets très épicés (pour rafraîchir le palais) ainsi qu'avec les plats plus lourds comme les tartes (pour les relever). On peut même s'en servir comme trempette pour les crudités ou les croustilles de maïs.

**Donne 400 ml
(1 2/3 tasse)**

Cette sauce au yogourt fruitée et rafraîchissante doit accompagner les mets indiens. Elle permet d'éteindre les incendies déclenchés par le piment et rehausse le plat principal.

On peut remplacer la mangue par une pomme verte ou une pêche.

Raïta à la mangue

1	mangue bien mûre	1
250 ml	yogourt	1 tasse
5 ml	garam massala	1 c. à thé
	huile végétale	

1. Peler la mangue au-dessus d'un bol afin de récupérer le jus et couper sa chair en dés de 1 cm (1/2 po). Incorporer le yogourt.

2. Mettre dans un bol de service. Saupoudrer de garam massala et de quelques gouttes d'huile. Laisser reposer 30 minutes à température ambiante avant de servir.

LES SALADES

Salade grecque hivernale

**Donne de
4 à 6 portions**

*Il existe au départ deux versions
de la salade grecque : l'une,
estivale, se mange quand les
tomates sont de saison ; l'autre,
pour les mois d'hiver, se prépare
sans tomates. Cela aura de
quoi surprendre bien du monde,
car les restaurants grecs
d'Amérique du Nord servent
presque toujours la salade avec
des tomates. Voici donc le délice
hivernal bizarre, la quintessence
de la salade grecque. En grec, le
mot laitue (salata) est synonyme
de salade. La généreuse portion
d'aneth frais et d'oignons verts
confère son caractère propre à
ce plat.*

1	pomme de laitue romaine coupée en lanières de 0,5 cm ($1/4$ po)	1
4 ou 5	oignons verts coupés en morceaux de 0,5 cm ($1/4$ po)	4 ou 5
	partie verte seulement	
	quelques brins d'aneth frais haché	
50 ml	huile d'olive	$1/4$ tasse
15 ml	vinaigre de vin rouge	1 c. à table
	sel et poivre au goût	
125 g	feta défait en gros morceaux	4 oz
pincée	origan	pincée
125 ml	olives vertes entières	$1/2$ tasse

1. Mettre les lanières de laitue au fond d'un grand saladier ; y disperser les oignons verts et l'aneth. Mélanger en retournant.

2. Dans un petit bol, battre au fouet l'huile d'olive et le vinaigre jusqu'à émulsion. Saler et poivrer au goût. Verser sur la laitue et bien retourner.

3. Émietter le feta sur la salade et saupoudrer d'origan. Garnir d'olives noires et servir sans attendre.

Salade grecque estivale

750 g	tomates bien mûres (environ 6) coupées en quartiers	1 1/2 lb
1	concombre anglais de taille moyenne, en tranches	1
125 ml	oignons rouges en tranches	1/2 tasse
125 ml	olives noires entières (environ 16)	1/2 tasse
50 ml	huile d'olive extra-vierge	1/4 tasse
25 ml	jus de citron	2 c. à table
	sel et poivre au goût	
125 g	feta en tranches	4 oz
15 ml	origan frais haché ou	1 c. à table
	5 ml (1 c. à thé) d'origan séché	

**Donne de
4 à 6 portions**

Voici la salade qu'on se représente lorsqu'on entend parler de salade grecque. Tous ses ingrédients sont faciles à trouver et peuvent se dénicher à coup sûr dans les boutiques spécialisées dans les produits de la Grèce ou du Moyen-Orient. Les tomates bien mûres et juteuses sont essentielles ici, ce qui en fait un mets de luxe quand les bonnes tomates viennent de loin et sont hors de prix.

1. Dans une grande assiette de service, disposer les quartiers de tomate et les tranches de concombre de façon à les faire se chevaucher quelque peu. Y disperser les oignons et garnir d'olives les bords de l'assiette.

2. Dans un petit bol, battre au fouet l'huile, le jus de citron, le sel et le poivre jusqu'à émulsion. Arroser uniformément la salade de ce liquide.

3. Finir la salade en y déposant les tranches de feta (ainsi que les miettes qu'on aura pu récupérer). Saupoudrer d'origan et servir dans les 30 minutes.

Donne 6 portions

*Voici une salade grecque incon-
nue de tous. C'était un plat
recherché lors des buffets donnés par ma mère Despina, qui
avait encore meilleur goût le
lendemain si d'aventure il y
avait des restes. Si vous ne recu-
lez pas devant l'idée d'employer
des haricots en conserve, elle se
prépare en un tournemain.*

*Vous pouvez servir cette salade
immédiatement après la préparation ou la laisser reposer
1 heure à couvert et à température ambiante.*

Salade de haricots à la grecque

500 ml	haricots blancs cuits	2 tasses
1	oignon en tranches minces	1
1	tomate de taille moyenne coupée en dés de 1 cm (1/2 po)	1
50 ml	huile d'olive extra-vierge	1/4 tasse
15 ml	vinaigre de vin rouge	1 c. à table
	sel et poivre au goût	
2	œufs cuits dur, tranchés finement	2
500 ml	concombre tranché finement	2 tasses
250 ml	poivrons verts marinés, égouttés (pepperoncini)	1 tasse
50 ml	olives kalamata (environ 8)	1/4 tasse
	quelques brins de persil frais haché	

1. Mettre les haricots dans un bol. Ajouter les oignons et les tomates en dés. Incorporer délicatement aux haricots.

2. Battre au fouet l'huile et le vinaigre jusqu'à émulsion. Verser sur les haricots puis retourner délicatement mais en mélangeant bien. Saler et poivrer au goût.

3. Étaler les haricots dans une assiette de service en créant un petit monticule. Garnir le pourtour de tranches d'œuf et de concombre disposées en alternance. Disposer le poivron mariné à l'intérieur de cette bordure, de façon qu'il entoure les haricots. Y disperser les olives, décorer de persil haché et servir.

Betteraves à l'ail

VOIR PHOTO, PAGE 97

500 g	betteraves non pelées mais bien nettoyées	1 lb
4	gousses d'ail hachées grossièrement	4
75 ml	oignon rouge en tranches épaisses	1/3 tasse
25 ml	vinaigre de vin rouge	2 c. à table
45 ml	huile d'olive extra-vierge	3 c. à table
	sel et poivre au goût	
	quelques brins de coriandre ou de persil frais haché	

Donne de 4 à 6 portions

Ces betteraves marinées se conserveront une semaine au réfrigérateur, fournissant en cas d'urgence un accompagnement sain et exquis. L'oignon et l'ail sont coupés grossièrement; de la sorte, les personnes soucieuses de leur haleine pourront les enlever. Le seul inconvénient des betteraves, c'est qu'elles déteignent sur tout (mains, planche à découper, etc.). Heureusement, cette couleur pourpre est facile à laver.

1. Mettre les betteraves dans une grande casserole et y verser suffisamment d'eau pour les immerger sous 3 cm (1 1/2 po) de liquide. Porter à ébullition et les cuire jusqu'à ce qu'elles cèdent facilement sous la fourchette, ce qui devrait prendre de 50 à 60 minutes. Si pendant la cuisson les betteraves se trouvaient exposées à l'air à cause de l'évaporation, verser suffisamment d'eau pour les couvrir.

2. Laisser égoutter les betteraves en réservant le liquide de cuisson. Les laisser reposer environ 20 minutes puis les peler (la peau devrait s'enlever très aisément). À l'aide d'un couteau tranchant, ôter le sommet et la base des betteraves, ainsi que les éventuelles imperfections.

3. Trancher les betteraves en rondelles épaisses de 0,5 cm (1/4 po). Mettre les rondelles dans un bol et y ajouter l'ail et les oignons. Arroser uniformément de vinaigre de vin rouge et mélanger le tout en retournant délicatement. Verser l'huile d'olive et 125 ml (1/2 tasse) de liquide de cuisson réservé. Jeter le reste de ce liquide. Bien mélanger. Saler et poivrer au goût, puis laisser reposer au moins 20 minutes.

4. Mettre les betteraves dans un bol de service. Retourner un peu, garnir d'herbes fraîches et servir.

Taboulé

500 ml	persil frais haché, bien tassé	2 tasses
1	oignon de taille moyenne, en petits dés	1
1	tomate de taille moyenne, hachée finement	1
125 ml	boulghour de blé, soit environ 125 g (1/4 lb)	1/2 tasse
90 ml	jus de citron	6 c. à table
50 ml	huile d'olive	1/4 tasse
	sel et poivre au goût	

Donne 6 portions

Il s'agit peut-être de la plus saine des salades jamais créées et c'est certainement l'une des plus fascinantes. J'ai toujours un immense plaisir à manger cette merveille composée principalement de persil (qu'on rencontre ailleurs le plus souvent comme décoration). Elle se prépare en un rien de temps si vous disposez d'un robot culinaire. Ma recette comporte une quantité minimale d'huile, car j'aime mon taboulé bien acide. Si vous préférez un goût moins austère, ajoutez 25 ml (2 c. à table) d'huile.

Les restes de taboulé se conservent 3 jours au réfrigérateur. Prenez soin de l'amener à température ambiante avant de servir.

1. Bien mélanger dans un bol le persil, l'oignon et la tomate. Réserver.

2. Dans une casserole, faire bouillir le boulghour dans une bonne quantité d'eau jusqu'à ce qu'il soit à point, soit pendant 6 à 8 minutes. Laisser égoutter et rafraîchir sous l'eau froide. Laisser égoutter de nouveau et ajouter le boulghour cuit aux légumes dans le bol. Bien mélanger.

3. Arroser la salade de jus de citron et d'huile d'olive. Saler et poivrer au goût. Bien mélanger en retournant. Mettre dans une assiette de service. Cette salade peut être servie immédiatement, même si elle gagne à reposer 2 heures à couvert et à température ambiante.

Insalata caprese

500 g	tomates bien mûres (environ 4), en tranches de 1 cm (¹/2 po)	1 lb
50 ml	oignons rouges tranchés finement	¹/4 tasse
50 ml	poivrons verts tranchés finement	¹/4 tasse
50 ml	huile d'olive vierge	¹/4 tasse
25 ml	vinaigre balsamique	2 c. à table
	sel et poivre au goût	
150 g	bocconcini	6 oz
50 ml	olives kalamata (environ 8)	¹/4 tasse
12	grandes feuilles de basilic frais	12

Donne 4 portions

Cette salade exige réellement des tomates de saison, quand l'arôme et la douceur du plus célèbre légume-fruit du monde n'ont d'égale que la couleur cramoisie de sa maturité.

Le bocconcini se présente sous forme de caillé de mozzarella de la taille d'une balle de golf qu'on doit conserver dans l'eau jusqu'à la consommation. On en trouve à bien des endroits. Dans les supermarchés, on le présente dans des bacs de plastique avec la ricotta et les autres produits laitiers italiens.

1. Dans une grande assiette de service, disposer une couche de tranches de tomate. Disperser les oignons et les poivrons verts uniformément sur les tomates.

2. Dans un petit bol, mélanger au fouet l'huile, le vinaigre, le sel et le poivre jusqu'à émulsion. Arroser uniformément les tomates de cette vinaigrette.

3. Laisser égoutter et éponger le bocconcini. Le couper en tranches épaisses de 0,5 cm (¹/4 po). Déposer au moins une tranche de fromage sur chaque tranche de tomate.

4. Disposer les olives de manière esthétique parmi les tomates. Garnir de feuilles de basilic et servir dans les 30 minutes.

Donne 4 portions

Les poivrons marinés dans l'huile d'olive sont incomparables. L'inconvénient de cet accompagnement, c'est l'opération consistant à faire rôtir ou griller les poivrons, puis à essayer de peler, étrogner et épépiner les poivrons rôtis tout en s'efforçant de ne pas abîmer la chair molle.

Pour gagner du temps, j'étrogne et je coupe mes poivrons avant de les faire rôtir ou griller. Cette méthode déshydrate quelque peu la chair, la rendant fragile, mais elle est bien plus simple.

Pour les réceptions, servez ces poivrons accompagnés d'olives noires, de tomates séchées, de câpres, de tranches de tomates mûres, de mozzarella ou de bocconcini, de cœurs d'artichaut et de champignons marinés pour créer une entrée italienne somptueuse.

L'antipasto peut être préparé à l'avance et conservé 2 jours à couvert au réfrigérateur.

Antipasto de poivrons rôtis

3	poivrons, de préférence de différentes couleurs (vert, rouge et jaune)	3
5 ml	huile végétale	1 c. à thé
15 ml	vinaigre balsamique	1 c. à table
50 ml	huile d'olive extra-vierge	1/4 tasse
	sel et poivre au goût	
50 g	parmesan râpé	2 oz
50 ml	oignons rouges tranchés finement	1/4 tasse
	quelques brins de basilic ou de persil frais haché	

1. Couper les poivrons dans le sens de la longueur, les étrogner et les épépiner. En badigeonner la peau d'huile végétale et les disposer (pas trop serrés) dans un plat allant au four, la peau orientée vers le haut. Les faire rôtir de 20 à 25 minutes, jusqu'à ce que la peau commence à se rider mais sans qu'elle noircisse. (Si la peau devait noircir, la chair des poivrons se désintégrerait complètement.) Sortir les poivrons du four et laisser refroidir de 5 à 10 minutes.

2. Soulever les poivrons refroidis à l'aide d'une spatule et les déposer sur un plan de travail. Les peler — la peau devrait s'ôter aisément d'un seul lambeau. Couper chaque moitié de poivron en 5 ou 6 lanières et mettre dans une assiette.

3. Mouiller les lanières de vinaigre balsamique, puis les arroser d'huile d'olive. Saler et poivrer au goût. Immédiatement avant de servir, décorer de parmesan, d'oignons et de basilic (ou persil). Enrobé d'huile, le poivron peut attendre 1 heure et gagne même à le faire.

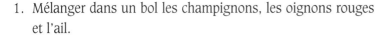

Champignons marinés

1,25 l	champignons lavés et parés	5 tasses
50 ml	oignons rouges en tranches	1/4 tasse
3	gousses d'ail émincées	3
50 ml	morceaux de noix de Grenoble	1/4 tasse
5 ml	huile d'olive	1 c. à thé
90 ml	huile d'olive extra-vierge	6 c. à table
25 ml	vinaigre de vin blanc	2 c. à table
15 ml	sauce soja	1 c. à table
pincée	poivre de Cayenne (facultatif)	pincée
	sel et poivre au goût	
	quelques brins de persil ou de basilic frais haché	

Donne de 4 à 6 portions

Voici un plat d'accompagnement rafraîchissant et nourrissant qui n'exige à peu près aucune cuisson. Ces champignons vous attendront sagement 2 jours au réfrigérateur tout en voyant leur saveur se bonifier.

1. Mélanger dans un bol les champignons, les oignons rouges et l'ail.

2. Dans une poêle, faire revenir les morceaux de noix de Grenoble à feu moyen dans les 5 ml (1 c. à thé) d'huile d'olive en prenant bien soin de ne pas les faire brûler. Ajouter aux champignons.

3. Dans un petit bol, mélanger au fouet 90 ml (6 c. à table) d'huile d'olive, le vinaigre, la sauce soja, le sel et le poivre, ainsi que le poivre de Cayenne, si on l'emploie, jusqu'à émulsion de l'huile. Verser la vinaigrette dans la salade et retourner délicatement jusqu'à ce que les légumes en soient bien enrobés. Saler et poivrer au goût. Laisser reposer au moins 1 heure à découvert, en retournant toutes les 15 minutes. Mettre dans un bol de service et garnir généreusement d'herbes fraîches. Servir sans attendre ou laisser reposer 1 heure de plus à découvert et à température ambiante.

Aubergine à la menthe

Préchauffer le four à 230 °C (450 °F)

1	grosse aubergine d'environ 750 g (1 1/2 lb)	1
5 ml	huile végétale	1 c. à thé
50 ml	huile d'olive	1/4 tasse
25 ml	jus de citron	2 c. à table
25 ml	menthe fraîche hachée ou 15 ml (1 c. à table) de menthe séchée	2 c. à table
3	gousses d'ail	3
1	piment chili haché finement (avec ou sans les graines, selon le degré de piquant souhaité)	1
	sel au goût	
50 ml	olives noires (environ 8)	1/4 tasse
1	petite tomate coupée en quartiers	1

Donne 4 portions

Tous les peuples méditerranéens ont l'habitude de faire rôtir ou griller l'aubergine, ce qui a pour effet de transformer ce fruit spongieux en un véhicule crémeux pour l'huile d'olive et l'ail. Le babaganouche et la purée d'aubergine grecque (sans tahini celle-là) sont des prépara-tions qui exigent beaucoup de travail et qui rappellent davan-tage la trempette que la salade. La recette sicilienne que nous vous proposons est tout aussi délicieuse que les précédentes; mais, comme vous n'avez pas à réduire l'aubergine en purée, elle exige beaucoup moins de travail.

Prenez la précaution de porter des gants quand vous manipulez des piments; autrement, prenez soin de bien vous laver les mains.

1. Badigeonner légèrement l'aubergine d'huile végétale. En perforer la peau à la fourchette à intervalle de 2,5 cm (1 po). La mettre dans un plat allant au four et la cuire 1 heure.

2. Pendant ce temps, préparer la sauce : Dans un petit bol, mélan-ger l'huile d'olive, le jus de citron, la menthe, l'ail et le chili (avec les graines si on le désire) ; bien mélanger et réserver.

3. Déposer l'aubergine sur un plan de travail. Enlever 2 cm (1 po) de chair à l'extrémité du fruit portant la tige et la jeter (cette partie ne cuit jamais bien). Peler l'aubergine en com-mençant par le bout coupé. La peau devrait s'enlever facile-ment en lambeaux.

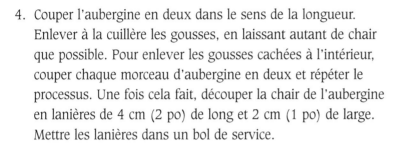

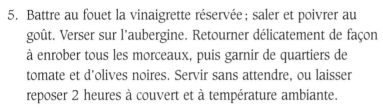

4. Couper l'aubergine en deux dans le sens de la longueur. Enlever à la cuillère les gousses, en laissant autant de chair que possible. Pour enlever les gousses cachées à l'intérieur, couper chaque morceau d'aubergine en deux et répéter le processus. Une fois cela fait, découper la chair de l'aubergine en lanières de 4 cm (2 po) de long et 2 cm (1 po) de large. Mettre les lanières dans un bol de service.

5. Battre au fouet la vinaigrette réservée ; saler et poivrer au goût. Verser sur l'aubergine. Retourner délicatement de façon à enrober tous les morceaux, puis garnir de quartiers de tomate et d'olives noires. Servir sans attendre, ou laisser reposer 2 heures à couvert et à température ambiante.

Salade verte et jaune

250 g	haricots verts frais, parés	1/2 lb
250 g	haricots jaunes frais, parés	1/2 lb
15 ml	jus de lime	1 c. à table
1	avocat bien mûr	1
	sel et poivre au goût	
45 ml	huile d'olive	3 c. à table
3	oignons verts hachés finement	3
125 g	feta défait en gros morceaux	4 oz
	quelques brins de coriandre fraîche hachée grossièrement	

Donne de 4 à 6 portions

Dans les tons vert perroquet et jaune tendre, cette rafraîchissante composition associe le croquant al dente des haricots frais et la riche douceur de l'avocat mûr. La vinaigrette piquante qui réunit des ingrédients qu'on voit rarement ensemble, feta et lime-coriandre (au lieu du citron-origan, plus commun) sert à faire l'unité de toutes ces saveurs. La salade se prépare tout aussi bien avec des haricots verts seulement (au lieu de jaunes et verts), bien que cela soit au détriment de l'attrait visuel.

1. Faire bouillir les haricots verts et jaunes à feu vif de 5 à 7 minutes. Laisser égoutter et rafraîchir en plongeant dans un bol d'eau glacée. Laisser égoutter et mettre dans un grand bol à salade.

2. Mettre le jus de lime dans un bol. Peler l'avocat et le découper en tranches (ou l'évider à l'aide d'une petite cuillère) ; mettre la chair dans le jus de lime et l'y retourner pour bien l'en enrober. Disposer les tranches (ou boules) de façon esthétique sur les haricots, en y versant le reste de jus de lime. Saler et poivrer au goût.

3. Arroser la salade d'huile d'olive et garnir d'oignons verts coupés. Répartir les morceaux de feta sur la salade et garnir finalement de coriandre hachée. La salade peut reposer 1 heure à couvert et à température ambiante.

AUBERGINE GRILLÉE ET FROMAGE DE CHÈVRE (PAGE 146) ➤

PAGE SUIVANTE (DE GAUCHE À DROITE) : CHAMPIGNONS SAUTÉS SUR LIT DE LAITUE FLÉTRIE (PAGE 70) ; ➤
TZATZIKI (PAGE 50) AVEC COURGETTES FRITES (PAGE 86) ;
SALADE VERTE ET JAUNE (SUR CETTE PAGE)

Salade de pommes de terre à la française

1 kg	pommes de terre nouvelles non pelées, nettoyées	2 lb
50 ml	vin blanc sec	1/4 tasse
45 ml	moutarde française en grains	3 c. à table
25 ml	vinaigre de vin blanc	2 c. à table
1	oignon rouge de taille moyenne, coupé en tranches	1
	quelques brins de persil frais haché	
50 ml	huile d'olive	1/4 tasse
	sel et poivre au goût	
50 ml	olives noires entières (environ 8)	1/4 tasse

Donne 8 portions

Voici une version de ce classique de tous les pique-niques, qui s'exécute sans mayonnaise et qui se conserve donc plus facilement par temps chaud. Elle est également exquise consommée fraîche faite, encore tiède.

1. Faire bouillir les pommes de terre à feu vif jusqu'à ce qu'elles cèdent aisément sous la fourchette, sans se défaire pour autant, ce qui devrait prendre de 10 à 15 minutes. Laisser égoutter et déposer sur une planche à découper. Trancher les pommes de terre chaudes (en les saisissant à l'aide d'un linge) en rondelles épaisses de 0,5 cm (1/4 po). Mettre ces rondelles dans un bol.

2. Dans un petit bol, mélanger au fouet le vin, la moutarde et le vinaigre jusqu'à émulsion. Arroser les tranches de pommes de terre et retourner délicatement dans le liquide pour bien les en enrober.

3. Parsemer les pommes de terre de tranches d'oignon rouge et de persil, puis arroser d'huile d'olive. Mélanger en retournant délicatement. Saler et poivrer au goût.

4. Mettre la salade dans un bol de service et la garnir d'olives noires. Servir immédiatement ou laisser reposer 4 heures à couvert et à température ambiante, jusqu'au moment de passer à table.

◄ BYZZA AUX POMMES DE TERRE (PAGE 84)

Salade d'avocat

15 ml	jus de lime	1 c. à table
1	avocat bien mûr	1
50 ml	poivrons rouges en fins quartiers	1/4 tasse
50 ml	oignons rouges en fins quartiers	1/4 tasse
25 ml	huile végétale	2 c. à table
	sel et poivre au goût	
	quelques brins de coriandre fraîche hachée	
	SALSA CYNTHIA (voir la recette à la page 49)	
	ou	
	PICO DE GALLO (voir la recette à la page 48)	
	croustilles de maïs	

Donne 2 portions

Aucun autre fruit, pas même la tomate, ne peut supplanter l'avocat comme pièce centrale d'une salade servie en entrée. Le goût fin et rafraîchissant de l'avocat peut être relevé de bien des façons, et la teneur en huile de ce fruit (élevée, le moins qu'on puisse dire) permet de tromper la faim en attendant le plat de résistance. Je propose dans le présent livre deux recettes de salade qui prennent pour base cet ingrédient magique, en commençant par cette salade colorée et simple à exécuter.

1. Mettre le jus de lime dans un petit bol. Peler l'avocat et le découper en tranches (ou l'évider à l'aide d'une petite cuillère) ; mettre la chair dans le jus de lime et l'y retourner pour bien la mouiller. Ajouter les poivrons rouges et les oignons ; arroser d'huile. Bien mélanger en retournant délicatement. Saler et poivrer au goût.

2. Mettre la salade dans une assiette de service et la disposer de façon esthétique. Garnir de coriandre fraîche et servir dans l'heure qui suit accompagnée de sauce piquante et de croustilles de maïs.

Avocat à la façon de Melissa Sue Anderson

25 ml	jus de lime	2 c. à table
2	avocats bien mûrs	2
1	pomme Granny Smith, pelée et tranchée finement	1
2	pêches pelées et coupées en morceaux	2
5	oignons verts coupés en morceaux de 1 cm ($1/2$ po)	5
750 ml	champignons tranchés	3 tasses
2	tiges de céleri hachées	2
175 ml	concombre anglais	$3/4$ tasse
2	tomates coupées en cubes	2
75 ml	morceaux de noix d'acajou grillées	$1/3$ tasse
45 ml	coriandre fraîche hachée finement	3 c. à table
25 ml	huile végétale	2 c. à table
15 ml	huile de sésame	1 c. à table
15 ml	vinaigre de framboise ou de vin blanc	1 c. à table
5 ml	sel	1 c. à thé
5 ml	poivre de Cayenne (facultatif)	1 c. à thé
	germes de luzerne	

Donne 8 à 10 portions

Bien connue pour son rôle dans l'émission de télévision Little House on the Prairie, *la jeune actrice qui a donné son nom à cette salade a été par la suite la vedette du film d'horreur* Happy Birthday to Me. *C'est sur le plateau de tournage du film que j'ai, dans mon rôle de traiteur, créé cette composition colorée. Mme Anderson apprécia à tel point qu'elle en a mangé tous les jours durant les sept semaines de tournage.*

C'est le genre de salade qu'on prépare sur un patio, en remplissant un bol de magnifiques légumes tranchés, au fil d'une conversation agréable. À la fin, vous retournez le tout délicatement, et en offrez à vos amis. C'est un plat qui se prête tellement bien aux réceptions que sa recette peut être adaptée à n'importe quel nombre d'invités.

1. Dans un bol, mélanger le jus de lime et l'avocat. Ajouter les tranches de pomme et retourner. Ajouter les pêches, les oignons verts, les champignons, le céleri, le concombre, la tomate et les noix d'acajou.

2. Dans un petit bol, mélanger au fouet la coriandre, l'huile végétale, l'huile de sésame, le vinaigre, le sel et le poivre de Cayenne jusqu'à émulsion. Arroser la salade de la moitié de cette vinaigrette. Incorporer la vinaigrette dans la salade en retournant pour en mélanger tous les ingrédients. Verser le reste de la vinaigrette et retourner encore 5 ou 6 fois.

3. Mettre dans un bol de service et garnir de germes de luzerne. Servir immédiatement ou laisser reposer 1 heure à couvert.

Salade de lentilles et de betteraves

500 g	betteraves non pelées mais bien nettoyées	1 lb
500 ml	lentilles vertes cuites	2 tasses
125 ml	poivrons rouges coupés en petits dés	1/2 tasse
50 ml	oignons rouges coupés en petits dés	1/4 tasse
1	tige de céleri coupée en petits dés	1
15 ml	zeste de citron	1 c. à table
15 ml	huile de noix	1 c. à table
2 ml	cumin moulu	1/2 c. à thé
125 ml	noix de Grenoble hachées	1/2 tasse
45 ml	jus de citron	3 c. à table
15 ml	vinaigre de vin rouge	1 c. à table
5 ml	sauce Worcestershire	1 c. à thé
3	gousses d'ail émincées	3
pincée	muscade	pincée
45 ml	huile de muscade	3 c. à table
	sel et poivre au goût	
1	botte de feuille de betteraves	1
	quelques brins d'aneth frais haché	

Donne de 4 à 6 portions

Écrivaine et productrice, extra-ordinaire voisine et personne fascinante à tous les égards, Sharon Corder est l'auteure de cette solide salade pour les réceptions qu'elle et Jack Blum, son mari, donnent apparemment toutes les fois que l'envie leur en prend. Chose étonnante, cette salade est relativement légère, compte tenu de la lour-deur de ses ingrédients, et facile à exécuter par surcroît, si l'on fait abstraction du temps de cuisson des satanées betteraves (et du nettoyage des taches qui se produiront inévitablement).

Dans la mesure du possible, préparez vos propres lentilles au lieu de prendre celles vendues en conserve. Pour obtenir 500 ml (2 tasses) de lentilles cuites, partez de 250 ml (1 tasse) de lentilles crues.

1. Mettre les betteraves dans une grande casserole et y verser suffisamment d'eau pour les immerger sous 3 cm (1 1/2 po) de liquide. Porter à ébullition et les cuire jusqu'à ce qu'elles cèdent facilement sous la fourchette, ce qui devrait prendre de 50 à 60 minutes. Si pendant la cuisson les betteraves se trouvaient exposées à l'air à cause de l'évaporation, verser suffisamment d'eau pour les couvrir. Laisser égoutter et refroidir les betteraves; les peler, parer et couper en cubes de 0,5 cm (1/4 po).

2. Déposer les betteraves dans un bol. Ajouter les lentilles, les poivrons rouges, les oignons rouges, le céleri et le zeste de citron. Bien mélanger. La salade doit maintenant être rouge foncé.

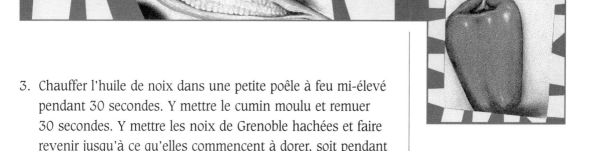

3. Chauffer l'huile de noix dans une petite poêle à feu mi-élevé pendant 30 secondes. Y mettre le cumin moulu et remuer 30 secondes. Y mettre les noix de Grenoble hachées et faire revenir jusqu'à ce qu'elles commencent à dorer, soit pendant 2 minutes. Les ajouter à la salade, en récupérant le cumin et l'huile de la poêle; retourner la salade délicatement.

4. Dans un petit bol, battre ensemble le jus de citron, la vinaigrette, la sauce Worcestershire, l'ail et la muscade; ajouter l'huile de noix, en battant au fouet pour émulsionner. Verser sur la salade et retourner le tout. Saler et poivrer au goût.

5. Étuver ou cuire à l'eau bouillante les feuilles de betterave pendant 2 minutes au maximum; laisser égoutter sans attendre et rafraîchir dans l'eau glacée. Parer et jeter les tiges. Disposer les feuilles en couronne sur le bord d'une assiette de service.

6. Mettre la salade au centre de l'assiette et garnir généreusement d'aneth haché. On peut servir cette salade immédiatement ou la laisser reposer 2 heures à couvert et à température ambiante.

Champignons sautés sur lit de laitue flétrie

VOIR PHOTO, PAGE 65

500 g	laitue (une ou plusieurs variétés), lavée, séchée et déchirée en bouchées	1 lb
90 ml	huile d'olive	6 c. à table
2 ml	sel	1/2 c. à thé
2 ml	poivre noir	1/2 c. à thé
175 ml	oignons rouges tranchés finement	3/4 tasse
1 l	champignons portobellos, en tranches épaisses	4 tasses
6	gousses d'ail hachées finement	6
25 ml	jus de citron	2 c. à table
25 ml	vin blanc	2 c. à table
1	tomate de taille moyenne, coupée en quartiers	1
1/4	poivron rouge coupé en croissants fins	1/4
15 ml	zeste de citron	1 c. à table
	quelques brins de persil frais haché grossièrement	

Donne 8 portions

Ces champignons très aromatisés à l'ail, présentés sur votre laitue favorite, constituent une entrée simple mais remarquée pour un repas important. L'essayer, c'est l'adopter. Ce qui compte avant tout dans ce plat, c'est la qualité des champignons. On peut prendre à la rigueur des champignons ordinaires, mais la texture et le goût exceptionnels des pleurotes ou des portobellos justifient la dépense additionnelle. On peut facilement diviser cette recette en deux pour les réceptions plus petites.

Donc, si vous le désirez, vous pouvez remplacer les champignons portobellos par 500 g (1 lb) de pleurotes entiers.

1. Mettre la laitue dans un grand saladier. Chauffer l'huile d'olive dans une grande poêle à feu vif. Saler, poivrer et remuer. Mettre les oignons rouges tranchés et faire revenir 1 minute. Ajouter les champignons et faire revenir pendant 4 à 5 minutes, jusqu'à ce qu'ils soient brillants et qu'ils commencent à noircir légèrement. Ajouter l'ail et faire revenir 1 minute. Verser le jus de citron et laisser grésiller 30 secondes. Verser le vin et faire cuire jusqu'à la formation d'une sauce sirupeuse, de 1 à 2 minutes.

2. Étendre le contenu de la poêle, y compris le liquide, uniformément sur la laitue. Disposer les champignons de façon esthétique. Garnir de quartiers de tomate, de croissants de poivron et de zeste de citron. Décorer de persil haché et servir immédiatement. À table, retourner délicatement la salade, en prenant soin de laisser les champignons sur le dessus.

Salade de mangue et de concombre

1	tronçon de 20 cm (8 po) de concombre anglais non pelé, coupé en quatre dans le sens de la longueur puis tranché finement	1
1	mangue verte pelée et coupée en julienne	1
50 ml	oignons rouges coupés en tranches	1/4 tasse
3	oignons verts hachés finement	3
25 ml	coriandre fraîche hachée	2 c. à table
1/2	poivron rouge coupé en fines lanières	1/2
2	jalapeños hachés finement (avec ou sans les graines, selon le degré de piquant souhaité)	2
25 ml	jus de lime	2 c. à table
25 ml	vinaigre blanc	2 c. à table
25 ml	huile végétale	2 c. à table
15 ml	sucre	1 c. à table
	sel au goût	

Donne de 4 à 6 portions

Cette salade aigre-douce se prête à de multiples usages et est inspirée de ma collaboration avec Wandee Young lors de la rédaction d'un livre de cuisine thaïlandaise. Elle associe les deux éléments de base des deux plus délicieux accompagnements de la cuisine thaïlandaise pour les transformer en une composition inventive pouvant s'harmoniser avec une vaste gamme de plats de résistance. Elle se conserve bien au réfrigérateur et les restes sont bons aussi le lendemain.

Voici la façon thaïlandaise de procéder pour faire une julienne de mangue. Tenez fermement la mangue d'une main ; à l'aide d'un couteau, pratiquez de nombreuses entailles parallèles rapprochées dans la partie de la mangue qui vous fait face. Tranchez ensuite le fruit finement pour obtenir les lanières. Répétez l'opération de l'autre côté du fruit. Prenez garde de vous couper au cas où le couteau déraperait.

1. Mettre le concombre et la mangue dans un grand bol. Ajouter les oignons rouges et verts, la moitié de la coriandre (réserver le reste), le poivron rouge et les jalapeños. Bien mélanger en retournant.

2. Dans un petit bol, mélanger au fouet le jus de lime, le vinaigre, l'huile et le sucre jusqu'à émulsion. Saler au goût. Verser la vinaigrette sur la salade et bien retourner. Mettre dans un bol de service et garnir du reste de coriandre hachée. Servir immédiatement ou laisser reposer 2 heures à couvert et à température ambiante.

Salade d'igname et de pacanes

VOIR PHOTO, PAGE 33

Préchauffer le four à 230 °C (450 °F)

Plat allant au four graissé avec 15 ml (1 c. à table) d'huile d'olive

Donne de 4 à 6 portions

Voici une spectaculaire salade qui gagnera rapidement des amateurs grâce à l'igname, légume délicieux mais méconnu. Les pacanes constituent un petit luxe (autant sur le plan financier que calorique), mais elles apportent du croquant et du luxe au plat. Cette composition colorée se sert très bien en entrée, ainsi que comme élément d'un buffet somptueux, légèrement exotique.

500 g	ignames non pelées mais bien nettoyées	1 lb
1/2	poivron rouge coupé en larges lanières	1/2
50 ml	huile végétale	1/4 tasse
5 ml	graines de moutarde	1 c. à thé
pincée	poivre de Cayenne	pincée
pincée	cannelle	pincée
pincée	cumin moulu	pincée
75 ml	moitiés de pacanes	1/3 tasse
45 ml	jus de lime	3 c. à table
5 ml	huile de sésame	1 c. à thé
2 ml	sel	1/2 c. à thé
125 ml	oignons rouges coupés en fines tranches	1/2 tasse
	quelques brins de coriandre fraîche hachée	

1. Cuire les ignames recouvertes d'eau dans une grande casserole. Laisser bouillir 10 minutes puis égoutter. Couper en rondelles épaisses de 1 cm (1/2 po).

2. Dans un plat allant au four, disposer les tranches d'igname et les lanières de poivron rouge en une couche. Cuire les ignames dans le four préchauffé jusqu'à ce qu'elles cèdent facilement sous la fourchette, ce qui devrait prendre de 12 à 15 minutes.

3. Pendant ce temps, chauffer l'huile à feu moyen dans une poêle pendant 1 minute. Ajouter les graines de moutarde, le poivre de Cayenne, la cannelle et le cumin, et faire revenir pendant 2 minutes ou jusqu'à ce que les épices commencent à éclater. Ajouter les pacanes ; faire sauter 2 minutes jusqu'à ce que les noix soient dorées des deux côtés (prendre soin de ne pas les faire brûler). Retirer du feu et réserver les épices de la poêle.

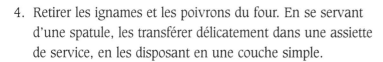

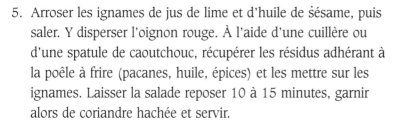

4. Retirer les ignames et les poivrons du four. En se servant d'une spatule, les transférer délicatement dans une assiette de service, en les disposant en une couche simple.

5. Arroser les ignames de jus de lime et d'huile de sésame, puis saler. Y disperser l'oignon rouge. À l'aide d'une cuillère ou d'une spatule de caoutchouc, récupérer les résidus adhérant à la poêle à frire (pacanes, huile, épices) et les mettre sur les ignames. Laisser la salade reposer 10 à 15 minutes, garnir alors de coriandre hachée et servir.

Nouilles « don don »

250 g	nouilles chinoises sèches (de blé et non de riz)	1/2 lb
15 ml	huile de sésame	1 c. à table
45 ml	sauce au sésame chinoise	3 c. à table
125 ml	eau chaude	1/2 tasse
2	gousses d'ail émincées	2
15 ml	gingembre émincé	1 c. à table
15 ml	sauce soja ou tamari	1 c. à table
5 ml	sucre	1 c. à thé
2 ml	poivre noir	1/2 c. à thé
3	oignons verts hachés finement	3
125 ml	concombre coupé en petits dés	1/2 tasse

HUILE PIQUANTE À L'ORIENTALE
(voir la recette à la page 44)

Donne de 4 à 6 portions

Ces nouilles froides sont une des spécialités offertes dans les rues de la province du Sichuan. Douces et piquantes à la fois, elles sont idéales comme introduction à un repas épicé. À ne pas servir si les plats suivants du repas s'appuient sur des saveurs subtiles.

La sauce au sésame utilisée ici est vendue en flacon dans les épiceries chinoises. L'huile qui la compose a tendance à se séparer de la masse solide, dure et dense. Au moment de vous en servir dans une recette, efforcez-vous de prendre un peu d'huile avec les solides. Le restant de la sauce se conservera bien et peut remplacer le tahini dans les autres recettes. Au fait, le tahini ne conviendrait pas à ce type de recette car il est trop doux et son goût de noisette n'est pas assez prononcé.

1. Cuire les nouilles chinoises *al dente* dans une casserole. Laisser égoutter et rafraîchir sous l'eau froide à plusieurs reprises. Mettre dans un bol et arroser d'huile de sésame ; bien retourner. Couvrir et garder 2 ou 3 heures au réfrigérateur.

2. Préparation de la sauce : Mettre la sauce au sésame dans un bol. L'homogénéiser à la fourchette et, au fouet, la mélanger à l'eau chaude qu'on ajoutera peu à peu. Les grumeaux devraient disparaître après 2 ou 3 minutes d'agitation. Ajouter l'ail, le gingembre, la sauce soja, le sucre et le poivre noir ; bien mélanger au fouet jusqu'à ce que la préparation soit bien onctueuse. Cette sauce peut maintenant attendre plusieurs heures à couvert et à température ambiante.

3. Au moment de servir, mettre les nouilles froides dans 4 ou 6 bols. Garnir d'une cuillerée de sauce. Ne pas mélanger ; on fera cela à table. Décorer d'oignons verts et de concombre. Servir les nouilles immédiatement, accompagnées d'un bol d'huile bien chaude dont on se sert au goût.

LES ENTRÉES

Donne de 4 à 6 portions

La relation de travail culinaire la plus agréable et la plus mutuellement profitable, c'est avec le chef Lambrino que je l'ai eue. Ensemble, nous avons élaboré le menu d'ouverture du restaurant grec Avli de Toronto. En matière de trempettes pour les mese (amuse-gueule grecs), c'était lui le maître incontesté. J'ai appris à ses côtés comment créer bien de ces exquises trempettes, dont je donne deux recettes en ces pages, en commençant par cette composition à base de fromage facile d'exécution, délicieuse servie avec des pointes de pita.

On peut servir cette trempette sur-le-champ ou on peut la laisser reposer 2 heures à couvert et à température ambiante. Si elle est froide, laissez-la revenir à température ambiante et agitez-la un peu avant de la servir.

Kopanisti
(Trempette à la feta)

5 ml	huile d'olive	1 c. à thé
50 ml	poivrons verts émincés	1/4 tasse
50 ml	poivrons rouges émincés	1/4 tasse
250 g	feta émiettée finement	1/2 lb
15 ml	jus de citron	1 c. à table
pincée	paprika	pincée
pincée	flocons de chili	pincée
50 ml	huile d'olive extra-vierge	1/4 tasse
pincée	origan séché	pincée

1. Chauffer l'huile dans une petite poêle à feu vif pendant 30 secondes. Ajouter les poivrons verts et rouges et faire ramollir, ce qui devrait prendre 2 minutes. Retirer la poêle du feu et réserver.

2. Dans un bol, mélanger la feta et les poivrons à la fourchette. Incorporer le jus de citron, le paprika et les flocons de chili.

3. Verser l'huile d'olive en un filet constant dans le mélange de feta et de poivrons, en remuant sans arrêt à la fourchette. Une fois toute l'huile incorporée, la préparation devrait être légère et quelque peu granuleuse (à cause des miettes de feta). C'est la consistance que devrait avoir la trempette. Ne pas essayer de l'homogénéiser outre mesure ; on obtiendrait alors une bouillie informe.

4. Mettre le mélange dans un bol de service et saupoudrer d'origan.

Melizzano Despina
(Trempette à l'aubergine nᵒ 1)

Préchauffer le four à 230 °C (450 °F)

1	aubergine de taille moyenne, soit d'environ 500 g (1 lb)	1
5 ml	huile végétale	1 c. à thé
1	oignon	1
25 ml	jus de citron	2 c. à table
50 ml	huile d'olive	1/4 tasse
	quelques brins de persil frais haché	
	sel et poivre au goût	

Donne 4 portions

Cette simple trempette à l'aubergine a accompagné mon enfance. Chaque fois qu'une occasion se présentait, ma mère, Despina, ne manquait jamais d'en préparer, ainsi qu'une série d'autres entrées végétariennes. Cette trempette est magnifique avec des crudités et également comme tartinade dans les sandwiches.

On peut servir cette trempette sur-le-champ ou on peut la laisser reposer 2 heures à couvert et à température ambiante. Si elle est froide, laissez-la revenir à température ambiante et agitez-la un peu avant de la servir.

1. Badigeonner légèrement l'aubergine d'huile végétale. En perforer la peau à la fourchette à intervalle de 2,5 cm (1 po). La mettre sur une plaque à biscuits et la cuire 1 heure, ou jusqu'à ce qu'elle soit très molle.

2. Déposer l'aubergine sur un plan de travail. Enlever 2 cm (1 po) de chair à l'extrémité du fruit portant la tige et la jeter. Peler l'aubergine en commençant par le bout coupé. La peau devrait s'enlever facilement.

3. Couper l'aubergine en deux dans le sens de la longueur. Enlever à la cuillère les gousses, en laissant autant de chair que possible. Pour enlever les gousses cachées à l'intérieur, couper chaque morceau d'aubergine en deux et répéter le processus. Laisser l'aubergine ainsi épépinée reposer afin qu'elle dégorge de son excédent d'eau.

4. Mettre la chair de l'aubergine dans un bol. À l'aide d'une cuillère de bois, la réduire en purée et la battre jusqu'à ce qu'elle soit très lisse et très onctueuse. Râper grossièrement l'oignon et mettre dans la purée d'aubergine (le jus d'oignon qui se forme au moment du râpage est très important pour cette trempette). Ajouter le jus de citron et battre à la cuillère de bois jusqu'à ce qu'il soit parfaitement incorporé. Toujours en battant, verser l'huile d'olive en un filet très fin ; on devrait obtenir une émulsion mousseuse de couleur pâle. Saler et poivrer au goût. Mettre dans un bol de service et garnir de persil haché.

Melizzano Lambrino
(Trempette à l'aubergine nº 2)

Préchauffer le four à 230 °C (450 °F)

Donne 4 portions

Onctueuse et savoureuse à souhait, cette purée d'aubergine, dont il existe bien des versions, de l'Inde à la Grèce, est la plus rafraîchissante et la plus mémorable que je connaisse. Recette personnelle du chef Lambrino, cette trempette est formidable avec des pointes de pita grillées ou des crudités.

On peut servir cette trempette sur-le-champ ou on peut la laisser reposer 2 heures à couvert et à température ambiante. Si elle est froide, laissez-la revenir à température ambiante et agitez-la un peu avant de la servir.

1	aubergine de taille moyenne, soit d'environ 500 g (1 lb)	1
5 ml	huile végétale	1 c. à thé
125 ml	oignons hachés	1/2 tasse
50 ml	persil frais haché, bien tassé	1/4 tasse
15 ml	jus de citron	1 c. à table
5 ml	vinaigre de vin rouge	1 c. à thé
5 ml	moutarde de Dijon	1 c. à thé
2 ml	basilic séché	1/2 c. à thé
2 ml	origan séché	1/2 c. à thé
2	gousses d'ail hachées grossièrement	2
50 ml	huile d'olive	1/4 tasse
	sel et poivre au goût	
50 ml	olives noires entières (environ 8)	1/4 tasse

1. Badigeonner légèrement l'aubergine d'huile végétale. En perforer la peau à la fourchette à intervalle de 2,5 cm (1 po). La mettre sur une plaque à biscuits et la cuire 1 heure, ou jusqu'à ce qu'elle soit très molle et que sa peau soit d'un brun foncé et affaissée.

2. Déposer l'aubergine sur un plan de travail. Enlever 2 cm (1 po) de chair à l'extrémité du fruit portant la tige et la jeter (cette partie ne cuit jamais bien). Peler l'aubergine en commençant par le bout coupé. La peau devrait s'enlever facilement.

3. Couper l'aubergine en deux dans le sens de la longueur. Enlever à la cuillère les gousses, en laissant autant de chair que possible. Pour enlever les gousses cachées à l'intérieur, couper chaque morceau d'aubergine en deux et répéter le processus. Laisser l'aubergine ainsi épépinée reposer afin qu'elle dégorge de son excédent d'eau.

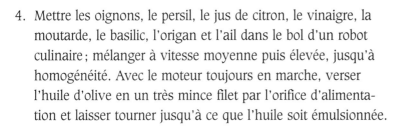

4. Mettre les oignons, le persil, le jus de citron, le vinaigre, la moutarde, le basilic, l'origan et l'ail dans le bol d'un robot culinaire ; mélanger à vitesse moyenne puis élevée, jusqu'à homogénéité. Avec le moteur toujours en marche, verser l'huile d'olive en un très mince filet par l'orifice d'alimentation et laisser tourner jusqu'à ce que l'huile soit émulsionnée.

5. Mettre la chair épépinée de l'aubergine dans le robot culinaire ; actionner l'appareil en mode marche/arrêt pour incorporer. Mettre dans un bol de service, saler et poivrer, puis garnir d'olives noires.

**Donne 2 portions
en guise d'entrée ou
4 à 6 portions
comme amuse-gueule**

Cette recette de fromage de chèvre au four était un élément important au menu de l'entreprise new-yorkaise, La Grande Soirée, traiteur, *dont nous étions propriétaires Wrenn Goodrum et moi. Mon amie Wrenn insistait sur l'importance de prendre des feuilles de radicchio amères mais, quant à moi, je trouve les boulettes tout aussi savoureuses avec d'autres variétés de laitue, amères (comme l'endive ou la scarole) ou douces (comme les feuilles intérieures de la laitue romaine ou Boston).*

Ces boulettes sont idéales pour les réceptions, car on peut les préparer à l'avance, les conserver au réfrigérateur et les cuire à la dernière minute.

Fromage de chèvre au four

Préchauffer le four à 210 °C (400 °F)

Plaque à biscuits

125 g	fromage de chèvre mou, à température ambiante	4 oz
50 ml	pignons rôtis	1/4 tasse
15 ml	grains de poivre vert égouttés	1 c. à table
12 à 14	petites feuilles de laitue (radicchio, endive ou feuilles intérieures de laitue romaine ou Boston)	12 à 14

1. Bien mélanger dans un bol le fromage de chèvre, les pignons et les grains de poivre vert. Façonner à partir de cette préparation des boulettes d'environ 1,5 cm (3/4 po) de diamètre. On devrait ainsi obtenir de 12 à 14 boulettes. Les déposer sur la plaque à biscuits, les protéger d'un papier ciré et les laisser 45 minutes au réfrigérateur pour les faire durcir.

2. Mettre ces boulettes de fromage sur la plaque à biscuits, bien séparées les unes des autres. Les cuire au four jusqu'à ce que le fromage forme des bulles et commence à couler, soit pendant 4 ou 5 minutes. Retirer du four.

3. Disposer les feuilles de laitue sur un plateau de service. Prélever les boulettes de fromage à la spatule et les déposer délicatement au centre des feuilles de laitue. La feuille fait office de réceptacle et se mange avec la boule. Servir sans attendre !

Byzza au fromage de chèvre

Préchauffer le four à 210 °C (400 °F)

Plaque à biscuits légèrement huilée

2	pains *naan* ou pita de 15 cm (6 po) de diamètre, ou croûtes à pizza	2
15 ml	huile d'olive	1 c. à table
50 ml	SAUCE TOMATE (voir la recette à la page 100)	1/4 tasse
175 ml	mozzarella râpée	3/4 tasse
50 ml	oignons rouges tranchés finement	1/4 tasse
50 ml	poivrons verts tranchés finement	1/4 tasse
1	petite courgette tranchée finement	1
75 g	fromage de chèvre mou	3 oz
	quelques brins de persil et de basilic frais haché	

Donne 4 portions en guise d'entrée ou 2 portions en guise de plat principal

N'étant pas un fervent de la pizza — même dans les versions offertes par certains restaurants branchés. J'en suis venu à créer ce plat et ce semi-éponyme (BYron + piZZA = BYZZA). Rapide d'exécution et amusante, elle se présente bien à la collation ainsi que comme plat principal d'un repas sans façon. Elle se construit à partir d'une croûte pratique : un pain naan (galette indienne) qu'on peut se procurer dans les épiceries indiennes. La seule étape qui demande quelque attention avec la Byzza, c'est la préparation de la sauce tomate et, même là, on y parvient facilement une fois qu'on maîtrise l'art de blanchir, de peler et d'épépiner les tomates fraîches.

Le pain naan se conserve bien au congélateur et sera toujours là pour vous si l'envie de pizza vous prend. À la rigueur, on peut le remplacer par le pain pita, plus facile à trouver.

1. Badigeonner légèrement les deux côtés des pains *naan* d'huile d'olive et les mettre sur une plaque à biscuits. Étendre la moitié de la sauce tomate uniformément sur chacun et y mettre la mozzarella. Garnir de tranches d'oignon, de poivron et de courgette.

2. Diviser le fromage de chèvre en deux et façonner à partir de chaque moitié une fricadelle d'environ 5 cm (2 po) de diamètre. Déposer chaque fricadelle de fromage au centre de chaque Byzza.

3. Cuire dans le four préchauffé jusqu'à ce que le fond des croûtes soit croustillant et que les garnitures aient commencé à dorer, ce qui devrait prendre de 18 à 20 minutes. Couper chaque Byzza en quatre puis garnir de persil, de basilic ou des deux. Servir immédiatement.

**Donne 4 portions
en guise d'entrée
ou 2 portions en guise
de plat principal**

*Voici une autre variante de ma
Byzza originale, un petit bijou
qui met en vedette l'aubergine
frite, douce et onctueuse, agré-
mentée de morceaux de feta,
d'ail et de câpres.*

Byzza putanesca

Préchauffer le four à 210 °C (400 °F)

Plaque à biscuits légèrement huilée

1/2	aubergine de taille moyenne	1/2
5 ml	sel	1 c. à thé
125 ml	farine	1/2 tasse
50 ml	huile végétale	1/4 tasse
2	pains *naan* ou pita de 15 cm (6 po) de diamètre, ou croûtes à pizza	2
15 ml	huile d'olive	1 c. à table
50 ml	feta émiettée	1/4 tasse
25 ml	menthe fraîche hachée ou 5 ml (1 c. à thé) de menthe séchée	2 c. à table
25 ml	persil frais haché	2 c. à table
pincée	origan séché	pincée
2	oignons verts hachés finement	2
5 ml	câpres égouttées	1 c. à thé
3	olives noires dénoyautées et hachées	3
3	gousses d'ail tranchées finement	3
pincée	poivre de Cayenne	pincée
1	petite tomate coupée en petits dés	1

1. Trancher l'aubergine en rondelles épaisses d'environ 0,5 cm
   (1/4 po). On devrait de la sorte obtenir au moins huit tranches. Les mettre dans un bol, saler et recouvrir d'eau froide.
   Laisser reposer 5 à 10 minutes, laisser égoutter les tranches
   d'aubergine puis les retourner dans la farine.

2. Chauffer l'huile végétale dans une grande poêle à feu vif
   pendant 1 à 2 minutes, jusqu'à ce qu'elle soit sur le point de
   fumer. Faire frire d'un côté les tranches d'aubergine farinées
   pendant 1 à 2 minutes ; réduire le feu à mi-élevé, retourner
   les tranches d'aubergine et les frire encore 2 à 3 minutes
   jusqu'à ce qu'elles soient molles et qu'une croûte commence

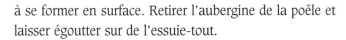

à se former en surface. Retirer l'aubergine de la poêle et laisser égoutter sur de l'essuie-tout.

3. Badigeonner légèrement les deux côtés des pains *naan* d'huile d'olive et les mettre sur une plaque à biscuits. Garnir uniformément de feta émiettée, de menthe, de persil, d'origan et d'oignons verts. Disposer les tranches d'aubergine en une couche unique (environ 4 par Byzza), puis y jeter les câpres, les olives et l'ail. Saupoudrer légèrement de poivre de Cayenne.

4. Cuire au four jusqu'à ce que le fond des croûtes soit croustillant, ce qui devrait prendre de 18 à 20 minutes. Retirer du four, couper en quatre et garnir de dés de tomate. Servir sans attendre.

Byzza aux pommes de terre

VOIR PHOTO, PAGE 65

Préchauffer le four à 210 °C (400 °F)

Plaque à biscuits légèrement huilée

Donne 4 portions en guise d'entrée ou 2 portions en guise de plat principal

Voici une pizza pour ceux qui croient avoir goûté toutes les garnitures possibles. Le fromage est facultatif puisque la pizza peut très bien s'en passer. Utilisez la variété qui vous plaira : mozzarella, cheddar, parmesan, pecorino crotonese.

500 g	pommes de terre (environ 3) non pelées, nettoyées	1 lb
25 ml	huile d'olive	2 c. à table
2 ml	sel	1/4 c. à thé
2 ml	poivre noir	1/4 c. à thé
2	gousses d'ail légèrement écrasées mais non pressées	2
125 ml	oignons rouges tranchés	1/2 tasse
2	pains *naan* ou pita de 15 cm (6 po) de diamètre ou croûtes à pizza	2
15 ml	huile d'olive	1 c. à table
1	tomate de taille moyenne, tranchée finement	1
2 ml	origan séché	1/2 c. à thé
3	gousses d'ail tranchées finement	3
6	olives noires dénoyautées et hachées	6
50 g	fromage râpé (facultatif)	2 oz
	quelques brins d'aneth ou de romarin frais haché, ou des deux	

1. Recouvrir d'eau les pommes de terre dans une grande casserole et porter à ébullition. Cuire 5 minutes, puis laisser égoutter. Couper en belles tranches épaisses de 0,5 cm (1/4 po). Réserver.

2. Chauffer l'huile dans une grande poêle à feu moyen. Ajouter le sel, le poivre et l'ail. Faire dorer l'ail en 2 minutes. Le retirer de la poêle et le jeter. Ajouter les tranches d'oignon et faire revenir 1 minute.

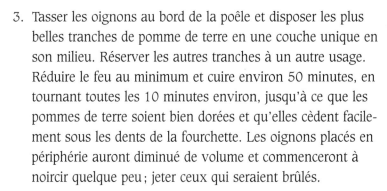

3. Tasser les oignons au bord de la poêle et disposer les plus belles tranches de pomme de terre en une couche unique en son milieu. Réserver les autres tranches à un autre usage. Réduire le feu au minimum et cuire environ 50 minutes, en tournant toutes les 10 minutes environ, jusqu'à ce que les pommes de terre soient bien dorées et qu'elles cèdent facilement sous les dents de la fourchette. Les oignons placés en périphérie auront diminué de volume et commenceront à noircir quelque peu ; jeter ceux qui seraient brûlés.

4. Badigeonner légèrement les deux côtés des pains *naan* d'huile d'olive et les mettre sur une plaque à biscuits. Y déposer les tranches de tomate, puis saupoudrer d'origan. Disposer les tranches de pomme de terre sur les tomates, y déposer les oignons cuits, l'ail, les olives hachées et, si on le désire, le fromage râpé.

5. Cuire au four jusqu'à ce que le fond des croûtes soit croustillant, ce qui devrait prendre de 18 à 20 minutes. Retirer du four, couper en quatre et garnir d'herbes fraîches hachées. Servir sans tarder.

Donne 4 portions en guise d'entrée ou de légume d'accompagnement

Cette recette de courgette est fort populaire en Grèce où elle est toujours accompagnée de tzatziki (voir la recette à la page 50). Ce qui fait son attrait, c'est le caractère croquant de la courgette frite et, bien sûr, le plaisir de l'interdit associé à la friture. Heureusement, c'est une friture bien anodine car elle n'absorbe pas beaucoup d'huile.

Courgettes frites

VOIR PHOTO, PAGE 65

350 g	courgette (environ 2 de taille moyenne)	12 oz
250 ml	farine tout usage	1 tasse
2 ml	sel	1/4 c. à thé
2 ml	poivre noir	1/4 c. à thé
125 ml	huile végétale	1/2 tasse
250 ml	TZATZIKI (voir la recette à la page 50)	1 tasse
	ou	
4	quartiers de citron	4

1. Ôter les tiges des courgettes. Les trancher dans le sens de la longueur suivant la diagonale, de façon à obtenir de longues et jolies tranches épaisses de 0,5 cm (1/4 po) seulement. Mettre dans un bol rempli d'eau froide et couvrir ; laisser tremper.

2. Dans un autre bol, tamiser ensemble la farine, le sel et le poivre. Placer ce bol ainsi que celui contenant les tranches de courgette à proximité de la cuisinière.

3. Dans une grande poêle, chauffer l'huile à feu mi-élevé jusqu'à ce qu'elle soit sur le point de fumer. En agissant prestement, sortir une tranche de courgette de l'eau, la fariner généreusement, puis la déposer dans l'huile très chaude. Répéter cette opération jusqu'à ce que le fond de la poêle soit recouvert d'une couche de tranches de courgette. Faire frire les tranches 2 minutes d'un côté, jusqu'à ce qu'elles soient dorées mais non brûlées ; les retourner, si possible avec des pinces, et les faire frire 2 minutes de l'autre côté.

4. Mettre les tranches de courgette frites dans une assiette doublée d'essuie-tout, et reprendre les étapes précédentes avec le reste des tranches. Une fois toutes les tranches cuites, les mettre dans une assiette de service. Servir sans attendre avec du tzatziki ou des quartiers de citron.

Crostini à l'huile d'olive

Préchauffer le four à 210 °C (400 °F)

Plaque à biscuits légèrement graissée d'huile végétale

4	feuilles de CROÛTE À L'HUILE D'OLIVE (voir la recette à la page 114)	4
1	œuf	1
15 ml	lait	1 c. à table
2	tomates de taille moyenne, coupées en petits dés	2
6 à 8	olives noires dénoyautées et hachées	6 à 8
5 ml	origan	1 c. à thé
375 ml	pecorino ou parmesan râpé grossièrement	1 ¹/2 tasse
125 ml	oignons rouges tranchés finement	¹/2 tasse

Donne 70 canapés

J'ai créé pour mes recettes de tarte une croûte spéciale à l'huile d'olive qui produit également d'excellents résultats avec les canapés. C'est bien simple : mettez ce qui vous plaît sur les petits ronds ou suivez la recette donnée ici.

Les croûtes peuvent aussi être cuites au four, non garnies (badigeonnées d'œuf seulement), à 210 °C (400 °F) jusqu'à ce qu'elles soient dorées, soit pendant 18 à 20 minutes. Une fois refroidies, garnissez-les d'ingrédients froids au goût. Vous aurez alors une solution de rechange aux craquelins et aux biscuits commerciaux.

1. Étendre les feuilles de croûte à l'huile d'olive sur une surface farinée et, à l'aide d'un petit verre ou d'un emporte-pièce, découper des ronds de 4 cm (1 ¹/2 po) de diamètre. Les déposer sur la plaque à biscuits graissée en prenant soin de les espacer.

2. Récupérer les entailles de pâte, fariner et abaisser au rouleau de façon à obtenir une pâte épaisse de 0,25 cm (¹/8 po). Découper d'autres ronds et les mettre sur la plaque à biscuits. (À la fin, on devrait obtenir 70 ronds.)

3. Mélanger au fouet l'œuf et le lait ; badigeonner les ronds de ce liquide. Garnir chaque rond de quelques dés de tomate, d'olives hachées, d'origan, d'un peu de fromage et de quelques tranches d'oignon.

4. Cuire les canapés au four jusqu'à ce que le fond des croûtes soit doré et que les oignons aient commencé à noircir, ce qui devrait prendre 18 à 20 minutes. Soulever les crostinis de la plaque à l'aide de la spatule. Enlever les ingrédients qui auraient pu déborder et mettre les crostinis dans une assiette de service. Garnir de persil haché et servir dès que possible.

Donne de 6 à 8 portions

Voici une recette que j'ai adaptée d'une recette de crêpes desserts que j'ai découverte dans la région de Montréal, où on les sert arrosées de sirop d'érable. Les crêpes salées de la présente version font une magnifique entrée si on les sert à plat, et un canapé tout aussi intéressant si on les présente roulées. Pour réaliser des crêpes sucrées, il suffit d'omettre le sel, l'oignon, le poivron rouge et le poivre noir, et de les faire sauter dans du beurre au lieu de l'huile.

Crêpes salées miniatures

250 ml	farine	1 tasse
5 ml	levure chimique	1 c. à thé
2 ml	sel	1/2 c. à thé
25 ml	jus de citron	2 c. à table
2	œufs battus	2
300 ml	lait	1 1/4 tasse
50 ml	oignon rouge coupé en petits dés	1/4 tasse
50 ml	poivron rouge ou vert coupé en petits dés	1/4 tasse
2 ml	poivre noir	1/2 c. à thé
50 à 125 ml	huile d'olive	1/4 à 1/2 tasse
2	poivrons rôtis, pelés et coupés en rubans de 1/2 cm (1/4 po)	2
125 ml	crème sure ou yogourt	1/2 tasse

1. Tamiser la farine dans un grand bol, puis saupoudrer de levure chimique et de sel. Verser le jus de citron sur la levure chimique ; celle-ci se mettra à mousser. D'un coup, ajouter les œufs battus et le lait, et battre au fouet jusqu'à ce que le tout soit homogène et ait la consistance d'une crème épaisse. Éviter le zèle — il est souhaitable d'avoir quelques grumeaux non dissous — autrement, on obtiendrait des crêpes caoutchouteuses. Laisser reposer la préparation 10 minutes.

2. Incorporer à la pâte l'oignon rouge, le poivron rouge ou vert, ainsi que le poivre.

3. Huiler légèrement la surface d'une grande poêle ou d'une plaque chauffée à feu mi-élevé. À l'aide d'une tasse à mesurer ou d'une cuillère, mettre 25 ml (2 c. à table) de pâte sur la surface de cuisson, en prévoyant un espace entre les crêpes pour l'expansion. Avec cette quantité de pâte, on devrait obtenir des crêpes de 8 cm (3 po) de diamètre.

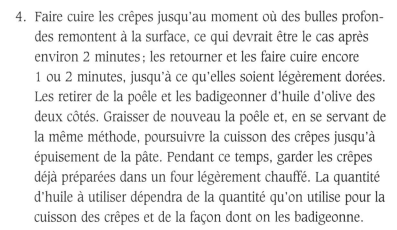

4. Faire cuire les crêpes jusqu'au moment où des bulles profondes remontent à la surface, ce qui devrait être le cas après environ 2 minutes ; les retourner et les faire cuire encore 1 ou 2 minutes, jusqu'à ce qu'elles soient légèrement dorées. Les retirer de la poêle et les badigeonner d'huile d'olive des deux côtés. Graisser de nouveau la poêle et, en se servant de la même méthode, poursuivre la cuisson des crêpes jusqu'à épuisement de la pâte. Pendant ce temps, garder les crêpes déjà préparées dans un four légèrement chauffé. La quantité d'huile à utiliser dépendra de la quantité qu'on utilise pour la cuisson des crêpes et de la façon dont on les badigeonne.

5. Une fois toutes les crêpes cuites (on devrait en obtenir environ 24), les garnir de rubans de poivron rouge pelé et rôti et d'un peu de crème sure. Servir les crêpes sans attendre, à plat ou roulées.

**Donne 4 portions
pour un brunch
ou comme entrée ;
8 à 16 portions
en hors-d'œuvre**

Voici un mets qui plus souvent qu'autrement échappe totalement à la sensibilité culinaire nord-américaine. J'admets qu'une omelette froide composée de plus de pommes de terre que d'œufs est tout aussi appétissante qu'un reste de pizza le lendemain. Pourtant, en Espagne, cette tortilla est des plus populaires dans les bars à tapas et les restaurants.

Le truc consiste à utiliser une bonne quantité d'aromates au moment de faire frire les pommes de terre et de prendre un fromage qui a du caractère pour la garniture.

Tortilla espagnole
(Omelette aux pommes de terre)

500 g	pommes de terre (environ 3), non pelées, nettoyées	1 lb
50 ml	huile d'olive	1/4 tasse
2 ml	sel	1/2 c. à thé
2 ml	poivre noir	1/2 c. à thé
1	oignon tranché finement	1
1/2	poivron rouge tranché finement	1/2
5	œufs entiers	5
25 ml	eau	2 c. à table
15 ml	farine	1 c. à table
2 ml	paprika	1/2 c. à thé
4	gousses d'ail en fines tranches	4
2 ml	origan séché	1/2 c. à thé
125 ml	mozzarella râpée	1/2 tasse
125 ml	HUILE D'OLIVE PIQUANTE (voir la recette à la page 44)	1/2 tasse

1. Faire bouillir les pommes de terre dans une grande casserole à feu vif pendant 6 ou 7 minutes, ou jusqu'à ce qu'elles cèdent facilement sous les dents de la fourchette, mais sans s'émietter. Laisser égoutter et refroidir. Couper les pommes de terre en deux dans le sens de la longueur, ensuite de travers de manière à obtenir des demi-cercles épais d'environ 0,5 cm (1/4 po). Réserver.

2. Chauffer l'huile dans une grande poêle pouvant aller au four à feu moyen pendant 1 minute. Saler, poivrer et remuer. Ajouter les tranches de pomme de terre, l'oignon et le poivron rouge ; les faire revenir de 10 à 12 minutes, en retournant fréquemment jusqu'à ce qu'elles soient dorées mais non brûlées.

3. Pendant ce temps, préchauffer l'élément de grillage du four ; battre ensemble les œufs, l'eau, la farine et le paprika dans un petit bol.

4. Mettre l'ail et l'origan dans la poêle et agiter énergiquement pendant 1 minute pour faire frire l'ail légèrement. Verser le mélange à base d'œufs sur les légumes et secouer la poêle pour le répartir uniformément. Laisser cuire 1 minute jusqu'à ce que les œufs commencent à figer. Déposer uniformément les fromages sur l'omelette et laisser cuire encore 3 minutes. Laisser sous l'élément de grillage du four pendant 2 minutes pour faire fondre le fromage complètement et pour finir de saisir les œufs. Retirer du four et laisser reposer 2 minutes.

5. Pour servir, faire glisser l'omelette dans une assiette. Elle aura l'apparence d'un gâteau plat. Couper en quatre, en huit puis en seize. Servir accompagnée d'HUILE D'OLIVE PIQUANTE (page 44), dont les convives se serviront selon leur gré.

Rouleaux du printemps orientaux

**Donne environ
20 rouleaux**

*Les délices en pleine friture,
avec les sentiments de culpabi-
lité et les dégâts qui les accompagnent, je les réserve pour les
réceptions et les autres occasions spéciales. Ces rouleaux se
présentent bien en hors-d'œuvre
à l'occasion de parties debout
ou dans un buffet. Voici deux
recettes, la première étant une
interprétation personnelle des
rouleaux du printemps orientaux,
pour rendre hommage à son
continent d'origine.*

*On peut préparer et assembler
les rouleaux du printemps en
début de journée. Gardez-les
à couvert au réfrigérateur
jusqu'au moment de les faire
frire, après avoir pris soin de les
laisser revenir à température
ambiante au préalable.*

*Si vous ne pouvez mettre la
main sur des enveloppes à rouleaux du printemps, prenez à la
place 40 enveloppes à pâtés
impériaux de 12 cm (5 po), plus
faciles à trouver. Mettez dans ce
cas deux fois moins de garniture
par enveloppe.*

125 g	nouilles de riz (ou nouilles de haricots mungo)	4 oz
125 ml	huile végétale	1/2 tasse
25 ml	ail émincé	2 c. à table
25 ml	gingembre émincé	2 c. à table
2 ml	poivre noir	1/2 c. à thé
2	oignons tranchés finement	2
375 ml	chou râpé bien tassé	1 1/2 tasse
50 ml	sauce soja	1/4 tasse
25 ml	sucre	2 c. à table
375 ml	carottes râpées bien tassées	1 1/2 tasse
6	oignons verts coupés en morceaux de 1 cm (1/2 po)	6
500 ml	germes de haricot	2 tasses
20	grandes enveloppes à rouleaux du printemps de 22,5 cm (9 po) de côté	20
15 ml	farine	1 c. à table
25 ml	eau	2 c. à table
625 ml	huile végétale ; la quantité peut être différente	2 1/2 tasses
	quelques brins de coriandre fraîche hachée	

HUILE PIQUANTE À L'ORIENTALE
(voir la recette à la page 44)

1. Laisser tremper les nouilles dans l'eau froide pendant au moins 30 minutes.

2. Préparation de la garniture : Dans un wok ou une grande poêle, chauffer 125 ml (1/2 tasse) d'huile à température éle-vée pendant 1 minute. Ajouter l'ail, le gingembre et le poivre noir et faire sauter pendant 30 secondes. Ajouter les oignons tranchés et faire sauter pendant 1 minute. Mettre le chou râpé et faire sauter 1 minute. Ajouter la sauce soja et le sucre, puis faire sauter pendant 30 secondes.

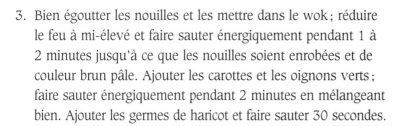

3. Bien égoutter les nouilles et les mettre dans le wok; réduire le feu à mi-élevé et faire sauter énergiquement pendant 1 à 2 minutes jusqu'à ce que les nouilles soient enrobées et de couleur brun pâle. Ajouter les carottes et les oignons verts; faire sauter énergiquement pendant 2 minutes en mélangeant bien. Ajouter les germes de haricot et faire sauter 30 secondes.

4. Placer une passoire au-dessus d'un grand bol à mélanger; transférer rapidement les ingrédients du wok dans la passoire, couvrir et laisser la préparation reposer à température ambiante pendant au moins 2 heures pour laisser s'écouler l'excédent d'huile. Une fois égoutté, mettre le mélange dans un autre bol et mélanger à la main en détachant au passage les nouilles.

5. Assemblage des rouleaux : Étendre une enveloppe sur une surface sèche de façon qu'un des coins pointe en votre direction. Déposer 50 ml (1/4 po) de garniture à 5 cm (2 po) des bords. Rabattre le coin sur la garniture et appuyer sur les arêtes pour serrer. Rouler une fois. Replier les deux coins aux extrémités du rouleau comme si l'on faisait une enveloppe. Rouler le rouleau jusqu'à ce que seul le coin le plus éloigné de vous soit libre. Délayer la farine dans l'eau; étendre un peu de mélange sur le coin libre et le coller. Une fois terminé, le rouleau doit avoir environ 7,5 cm (3 po) de longueur et 2,5 cm (1 po) de diamètre. Reprendre ces étapes avec les enveloppes restantes. On devrait obtenir de la sorte environ 20 rouleaux.

6. Dans une poêle ou une friteuse, chauffer à feu vif suffisamment d'huile pour recouvrir les rouleaux. Les faire frire par lots jusqu'à ce qu'ils soient dorés; les laisser égoutter ensuite sur de l'essuie-tout. Se rappeler que les rouleaux du printemps cuiront très rapidement et qu'ils devront être retournés souvent. À l'aide d'un couteau bien aiguisé, couper les rouleaux en deux selon la diagonale. Les présenter dans une assiette, garnis de coriandre fraîche et accompagnés d'une petit bol d'huile piquante.

**Donne environ
20 rouleaux**

Voici des rouleaux du printemps qui n'ont d'asiatique que l'enveloppe et qui peuvent donc contenir toute sorte d'aliments, comme on pourrait en trouver dans un buffet de cuisine internationale. Les champignons sauvages utilisés ici peuvent être des portobellos, des shiitakes ou des pleurotes, ou un mélange des trois. À la rigueur, on pourrait prendre des champignons ordinaires, au détriment du caractère sauvage.

Cuisez le riz sauvage en le faisant bouillir à feu moyen pendant 50 à 60 minutes jusqu'à ce que les enveloppes des grains éclatent et laissent voir l'intérieur blanc. La texture du riz sera à ce moment al dente ; laissez égoutter et réserver. Pour obtenir 750 ml (3 tasses) de riz sauvage cuit, calculez environ 200 g (7 oz) de riz.

Rouleaux du printemps sauvages

125 ml	huile d'olive	1/4 tasse
2 ml	sel	1/2 c. à thé
2 ml	poivre noir	1/2 c. à thé
2	oignons coupés en petits dés	2
1,25 l	champignons sauvages en tranches fines	5 tasses
5	gousses d'ail hachées finement	5
125 ml	noix de Grenoble en morceaux	1/2 tasse
10	tomates séchées réhydratées, égouttées et coupées en fins rubans	10
750 ml	riz sauvage cuit	3 tasses
50 ml	persil frais haché finement	1/4 tasse
20	grandes enveloppes à rouleaux du printemps de 22,5 cm (9 po) de côté	20
15 ml	farine	1 c. à table
25 ml	eau	2 c. à table
625 ml	huile végétale ; la quantité peut varier	2 1/2 tasses
	quelques brins de coriandre fraîche, hachée	
250 ml	SAUCE TOMATE réchauffée (voir la recette à la page 100)	1 tasse

1. Préparation de la garniture : Chauffer l'huile d'olive à feu vif dans une grande poêle pendant 1 minute ; y ajouter le sel et le poivre en remuant. Ajouter les oignons et faire sauter pendant 2 à 3 minutes pour les faire fondre. Ajouter les champignons tranchés et faire sauter pendant 3 à 4 minutes jusqu'à ce qu'ils aient ramolli. Ajouter l'ail et les morceaux de noix de Grenoble et faire revenir 2 minutes.

2. Mettre immédiatement ce mélange dans un bol et y ajouter les rubans de tomates séchées. Ajouter le riz cuit et remuer pour bien mélanger. Mettre le persil haché et mélanger. Couvrir la préparation et laisser reposer 1 à 2 heures à température ambiante.

3. Assemblage des rouleaux : Étendre une enveloppe sur une surface sèche de façon qu'un des coins pointe en votre direction. Déposer 50 ml (1/4 po) de garniture à 5 cm (2 po) des bords. Rabattre le coin sur la garniture et appuyer sur les arêtes pour serrer. Rouler une fois. Replier les deux coins aux extrémités du rouleau comme si l'on faisait une enveloppe. Rouler le rouleau jusqu'à ce que seul le coin le plus éloigné de vous soit libre. Délayer la farine dans l'eau ; étendre un peu de mélange sur le coin libre et le coller. Une fois terminé, le rouleau doit avoir environ 7,5 cm (3 po) de longueur et environ 2,5 cm (1 po) de diamètre. Reprendre ces étapes avec les enveloppes restantes jusqu'à épuisement de la garniture. On devrait obtenir de la sorte environ 20 rouleaux.

4. Dans une poêle ou une friteuse, chauffer à feu vif suffisamment d'huile pour recouvrir les rouleaux. Les faire frire par lots jusqu'à ce qu'ils soient dorés ; les laisser égoutter ensuite sur de l'essuie-tout. Se rappeler que les rouleaux du printemps cuiront très rapidement et qu'ils devront être retournés souvent. À l'aide d'un couteau bien aiguisé, couper les rouleaux en deux selon la diagonale. Les présenter dans une assiette, accompagnés d'un petit bol de sauce tomate.

On peut préparer et assembler les rouleaux du printemps en début de journée. Gardez-les à couvert au réfrigérateur jusqu'au moment de les faire frire, après avoir pris soin de les laisser revenir à température ambiante au préalable.

Si vous ne pouvez mettre la main sur des enveloppes à rouleaux du printemps, prenez à la place 40 enveloppes à pâtés impériaux de 12 cm (5 po), plus faciles à trouver. Mettez à ce moment deux fois moins de garniture par feuille.

Quesadillas

Donne 4 portions comme plat principal; jusqu'à 16 portions en hors-d'œuvre

Ce mets bien relevé venu du sud du Rio Grande réchauffera une soirée d'hiver aussi bien qu'il soulignera un dîner pris en plein air l'été. Il s'agit tout simplement d'une combinaison de sauce tomate, de haricots sautés et de fromage pris en sandwich entre deux tortillas, puis frit. Vous pouvez prendre 15 ml (1 c. à table) d'huile pour une grande tortilla, comme nous le suggérons ici, mais vous obtiendrez une quesadilla à la texture plus croustillante et plus attrayante (surtout aux yeux des enfants) si vous doublez la quantité d'huile.

500 ml	haricots rouges cuits	2 tasses
25 ml	jus de lime	2 c. à table
4	gousses d'ail hachées grossièrement	4
15 ml	huile végétale	1 c. à table
2 ml	sel	1/2 c. à thé
2 ml	poivre noir	1/2 c. à thé
5 ml	graines de cumin	1 c. à thé
pincée	cannelle	pincée
8	grandes tortillas de blé ou de maïs de 22 cm (9 po) de diamètre	8
125 ml	SAUCE TOMATE (voir la recette à la page 100 ou prendre de la sauce tomate commerciale)	1/2 tasse
250 à 375 ml	fromage râpé (mozzarella, Monterey Jack, cheddar ou parmesan)	1 à 1 1/2 tasse
50 à 125 ml	huile végétale	1/4 à 1/2 tasse
	brins de coriandre fraîche hachée	
	sauce piquante PICO DE GALLO (voir la recette à la page 48)	

1. Mettre les haricots, le jus de lime et l'ail dans le bol d'un robot culinaire et mélanger jusqu'à l'obtention d'une purée homogène. Mettre dans un bol et réserver.

2. Chauffer l'huile à feu vif dans une poêle pendant 30 secondes. Mettre le sel, le poivre, les graines de cumin et la cannelle; faire revenir pendant 1 minute. Ajouter la purée de haricots

TARTES AUX LÉGUMES ET AU FROMAGE DE CHÈVRE (PAGE 116) ➤
SOUS UNE CROÛTE À L'HUILE D'OLIVE (PAGE 114)

PAGE SUIVANTE (DANS LE SENS DES AIGUILLES D'UNE MONTRE, À PARTIR DU COIN INFÉRIEUR GAUCHE) : ➤
CAROTTES AU CARVI (PAGE 141); BETTERAVES À L'AIL (PAGE 57)
RAPPINI AU VINAIGRE BALSAMIQUE (PAGE 138); CHAMPIGNONS SAUTÉS AU FENOUIL (PAGE 142)

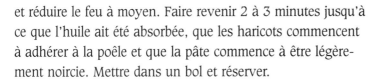

et réduire le feu à moyen. Faire revenir 2 à 3 minutes jusqu'à ce que l'huile ait été absorbée, que les haricots commencent à adhérer à la poêle et que la pâte commence à être légèrement noircie. Mettre dans un bol et réserver.

3. Assemblage de la première quesadilla : Disposer une des tortillas sur un plan de travail sec ; en disposer une autre et y étendre uniformément 25 ml (2 c. à table) de sauce tomate et 75 ml (1/3 tasse) de haricots sautés. Mettre 60 à 90 ml (4 à 6 c. à table) de fromage râpé sur les haricots, puis déposer la deuxième tortilla sur le tout et presser un peu pour faire adhérer.

4. Chauffer 15 à 25 ml (1 à 2 c. à table) d'huile dans une grande poêle à feu moyen pendant 1 minute. Y mettre la quesadilla et faire frire 1 à 2 minutes jusqu'à ce qu'elle soit croustillante et légèrement noircie. La retourner délicatement à l'aide d'une longue spatule et la frire de l'autre côté pendant encore 1 ou 2 minutes. Pendant ce temps, assembler l'autre quesadilla.

5. Lorsque la première quesadilla est prête, la transférer prestement sur une planche à découper. Rajouter de l'huile dans la poêle, la chauffer 30 secondes et y frire l'autre quesadilla. Pendant qu'elle cuit, couper la première quesadilla en huit et servir sans attendre, garnie de coriandre et accompagnée de sauce PICO DE GALLO. Continuer à cuire et à servir les quesadillas au fur et à mesure qu'elles sortent de la poêle.

◂ LINGUINE BAROLO (PAGE 102)

**Donne jusqu'à
16 portions en entrée**

*Voici une version très simplifiée
de la quesadilla traditionnelle.
Si on la sert à côté de la quesadilla classique, on obtiendra un
contraste intéressant. Composée essentiellement d'igname et
de fromage de chèvre, elle a en
sa faveur son goût simple et
agréable et la simplicité de son
exécution. Cette recette est une
création de mon très bon ami,
l'acteur et écrivain Tom Rack.*

*Petit conseil pour gagner du
temps : préparer l'igname
2 heures à l'avance. Gardez-la
à couvert et à température
ambiante.*

Quesadillas à l'igname

Préchauffer le four à 210 °C (400 °F)

750 g	ignames (environ 4 petites)	1 1/2 lb
2 ml	muscade moulue	1/2 c. à thé
	sel et poivre au goût	
8	grandes tortillas de blé ou de maïs de 22 cm (9 po) de diamètre	8
125 ml	oignons rouges coupés en petits dés	1/2 tasse
250 g	fromage de chèvre mou émietté	1/2 lb
50 à 125 ml	huile végétale	1/4 à 1/2 tasse
50 ml	coriandre fraîche hachée	1/4 tasse

SALSA CYNTHIA
(voir la recette à la page 49)

1. Cuire les ignames entières au four jusqu'à ce que la peau cède facilement sous les dents de la fourchette, soit pendant 40 à 45 minutes. Les sortir du four et laisser refroidir. Les peler et mettre la chair dans un bol. La réduire en purée à la fourchette. Ajouter la muscade, le sel et le poivre, puis bien mélanger.

2. Étendre uniformément un quart de l'igname sur une tortilla. Parsemer d'un quart des oignons coupés en dés et d'un quart du fromage de chèvre. Mettre par-dessus une autre tortilla et presser pour faire adhérer.

3. Chauffer 15 à 25 ml (1 à 2 c. à table) d'huile dans une grande poêle à feu moyen pendant 1 minute. (Mettre davan-tage d'huile si l'on désire une quesadilla plus croustillante.) Faire revenir la quesadilla 1 à 2 minutes jusqu'à ce qu'elle soit croustillante et légèrement noircie. La retourner délicate-ment et la frire de l'autre côté pendant encore 1 ou 2 minutes.

4. Reprendre les étapes 2 et 3 avec le reste des quesadillas, en versant chaque fois un peu d'huile dans la poêle. Dès qu'une quesadilla est cuite, on la retire de la poêle et on la coupe en huit pointes. Garnir de coriandre et servir accompagnée de SALSA CYNTHIA. Ne pas attendre que toutes les quesadillas soient cuites pour manger ; on les sert dès qu'elles sortent de la poêle.

LES PÂTES,
LA POLENTA ET LE RIZ

Sauce tomate

1,5 kg	tomates bien mûres	3 lb
75 ml	huile d'olive	1/3 tasse
pincée	sel	pincée
8	gousses d'ail hachées grossièrement	8
2 ml	flocons de chili	1/2 c. à thé
20 ml	basilic séché ou 50 à 125 ml (1/4 à 1/2 tasse) de basilic frais, haché et bien tassé	1 1/2 c. à table
15 ml	vinaigre balsamique	1 c. à table
6	tomates séchées hachées finement	6

Donne 1 l (4 tasses) de sauce, soit suffisamment pour 8 portions de pâtes

Deux mille ans après la chute de l'Empire romain, les habitants de la péninsule italienne ont trouvé un autre moyen de conquérir la planète : les pâtes. Le plat de pâtes le plus célèbre (et en fait le synonyme même de ce concept), c'est le spaghetti sauce tomate. Ma liste de plats à base de pâtes débute donc par cette sauce tomate de préparation rapide.

Il s'agit d'une sauce tomate et basilic tout usage qui peut accompagner non seulement les spaghetti, mais tout plat qui gagne à être aromatisé aux tomates. Elle se congèle aisément et peut être préparée en grandes quantités. On ne saurait s'en passer dans une cuisine.

On peut remplacer la sauce tomate fraîche par des tomates italiennes entières en conserve. Prenez deux boîtes de 796 ml (28 oz) de tomates et réserver 500 ml (2 tasses) du jus de conservation pour éclaircir la sauce si le besoin s'en fait sentir.

1. Blanchir les tomates à l'eau bouillante pendant 30 secondes. Les peler, les étrogner et les épépiner au-dessus d'un bol. Hacher la chair grossièrement et réserver. Passer les jus qui se seraient accumulés dans le bol ; mettre la moitié de ce jus dans les tomates. Conserver ou congeler le reste pour les recettes qui exigent du jus de tomate.

2. Chauffer l'huile dans une grande poêle ou une casserole à feu vif pendant 30 secondes. Saler et remuer. Ajouter l'ail haché et faire sauter pendant 30 secondes. Ajouter les flocons de chili et faire sauter 30 secondes.

3. Ajouter les tomates hachées et le jus. Porter à ébullition en remuant. Ajouter le basilic (si c'est du basilic sec qu'on utilise), le vinaigre et les tomates séchées. Bien mélanger, réduire le feu à mi-faible. Cuire 20 à 25 minutes en maintenant une ébullition constante et en remuant de temps en temps.

4. Si l'on utilise du basilic frais, le mettre maintenant, au goût (impossible d'en mettre trop!). Incorporer et poursuivre la cuisson 5 minutes. Retirer du feu et couvrir. Laisser reposer 5 à 10 minutes afin de laisser aux saveurs la chance de s'exprimer. Remuer pour redistribuer l'huile montée en surface et servir immédiatement.

Spaghettini aux câpres

250 g	spaghettini	1/2 lb
50 ml	huile d'olive	1/4 tasse
3	gousses d'ail écrasées légèrement mais non pressées	3
2	piments rouges séchés	2
2 ml	sel	1/2 c. à thé
50 ml	basilic frais haché, bien tassé	1/4 tasse
25 ml	pignons rôtis	2 c. à table
25 ml	câpres égouttées	2 c. à table
	romano râpé	

**Donne 4 portions
en guise d'entrée
ou 2 portions comme
plat de résistance**

Plat de pâtes longues et fines, sans trop de sauce, où se trouvent réunis les ingrédients de base du pistou (basilic, pignons, ail) et l'acidité des câpres. Il se sert très bien comme entrée ou comme plat de résistance d'un repas léger. Le basilic frais est impératif ici.

1. Cuire les pâtes dans une grande casserole d'eau bouillante en suivant les directives de l'emballage, jusqu'à ce qu'elles soient tendres mais encore fermes sous la dent.

2. Pendant ce temps, chauffer l'huile d'olive dans une poêle profonde à feu mi-élevé pendant 30 secondes. Ajouter l'ail et les piments. Remuer de temps en temps, en cuisant jusqu'à ce que l'ail et les piments aient commencé à brunir, ce qui devrait prendre 3 ou 4 minutes. Retirer du feu : récupérer l'ail et les piments, puis les jeter.

3. Remettre la poêle sur le feu. Ajouter le sel et le basilic ; faire sauter 30 secondes pour faire faner le basilic. Retirer du feu puis ajouter les câpres et les pignons. Bien mélanger et réserver.

4. Laisser égoutter les pâtes et mettre dans la poêle. Bien retourner, et s'assurer que la sauce est uniformément répartie. Servir sans attendre avec un bol de fromage râpé.

**Donne 4 portions
en guise d'entrée
ou 2 portions comme
plat de résistance**

*Ce plat qui surprend le palais
me vient de Margie et Michael
Pagliaro, chefs propriétaires du
Barolo, un des grands temples
de la gastronomie torontoise.
Simple et relativement bon
marché (compte tenu de son
élégance), il est idéal pour les
repas entre amis, car les linguine
peuvent être cuits à l'avance et
la sauce préparée à la dernière
minute.*

*Au lieu de la crème à 10 % ou
du bouillon de légumes concentré avec de l'huile, prenez 175 ml
(3/4 tasse) d'un mélange des
deux.*

Linguine Barolo

VOIR PHOTO, PAGE 97

250 g	linguine	1/2 lb
25 ml	huile d'olive	2 c. à table
175 ml	crème à 10 %	3/4 tasse
	ou	
	BOUILLON DE LÉGUMES concentré (voir la recette à la page 28), enrichi de 25 ml (2 c. à table) d'huile d'olive	
50 g	gorgonzola	2 oz
4	tomates séchées au soleil, coupées en lanières de 1 cm (1/2 po)	4
375 ml	bouquets de brocoli	1 1/2 tasse
50 ml	pignons rôtis	1/4 tasse
	quelques brins de persil haché	

1. Cuire les pâtes dans une grande casserole d'eau bouillante en suivant les directives de l'emballage, jusqu'à ce qu'elles soient tendres mais encore fermes sous la dent. Laisser égoutter les pâtes et ajouter l'huile d'olive ; retourner pour les en enrober. Couvrir et laisser reposer.

2. Chauffer la crème dans une poêle (ou le bouillon et l'huile) à feu moyen jusqu'à la production de vapeur. Ajouter le gorgonzola et remuer pour dissoudre, ce qui devrait prendre environ 2 minutes. Réduire le feu à mi-faible et ajouter les tomates séchées et le brocoli ; poursuivre la cuisson en remuant de temps en temps jusqu'à ce que la sauce soit onctueuse et que le brocoli soit tendre, soit pendant 4 à 5 minutes.

3. Ajouter les linguine et poursuivre la cuisson à température moyenne. Retourner et cuire de 2 à 3 minutes, jusqu'à ce que les pâtes soient bien enrobées de sauce et bien chaudes. Servir garni de pignons et de persil.

Fusilli aux poireaux

2	tomates	2
750 ml	fusilli tricolores	3 tasses
15 ml	huile d'olive	1 c. à table
25 ml	huile d'olive	2 c. à table
1 ml	sel	1/4 c. à thé
1 ml	poivre noir	1/4 c. à thé
500 ml	poireau haché finement (le blanc et le vert)	2 tasses
pincée	origan	pincée
5 ml	sauge fraîche hachée (ou une pincée de sauge séchée)	1 c. à thé
125 ml	BOUILLON DE LÉGUMES concentré (voir la recette à la page 28)	1/2 tasse
25 ml	crème à 35 % ou 45 ml (3 c. à table) de crème à 10 %	2 c. à table
	romano râpé	

Donne 4 portions en guise d'entrée ou 2 portions comme plat de résistance

1. Blanchir les tomates à l'eau bouillante pendant 30 secondes. Les peler, les étrogner et les épépiner au-dessus d'un bol. En hacher la chair grossièrement et réserver. Récupérer et passer tout le jus qui aurait pu s'accumuler dans le bol et l'ajouter aux tomates hachées.

2. Cuire les pâtes dans une grande casserole jusqu'à ce qu'elles soient *al dente.* Rincer et égoutter les pâtes. Ajouter l'huile d'olive et retourner. Couvrir et réserver.

3. Pendant ce temps, chauffer l'huile dans une grande poêle à feu vif pendant 30 secondes. Ajouter le sel et le poivre, puis remuer. Ajouter les poireaux hachés et faire sauter jusqu'à ce qu'ils aient ramolli, ce qui devrait prendre de 2 à 3 minutes. Ajouter l'origan et la sauge, et faire sauter encore pendant 30 secondes.

4. Incorporer les tomates et le jus, en broyant les tomates. Verser le bouillon et porter à ébullition, en remuant pendant 2 à 3 minutes. Réduire le feu au minimum ; ajouter la crème, mélanger en remuant et cuire encore 2 à 3 minutes. Retourner les pâtes dans cette sauce ; mettre dans des bols de service. Garnir de fromage râpé et servir immédiatement.

Prenez des fusilli colorés et cannelés, puis plongez-les dans une sauce rosée ponctuée de poireaux blancs et verts. Qu'obtenez-vous ? Un plat qui fera fureur, irrésistible même pour les appétits les plus capricieux. Les personnes qui redoutent les matières grasses pourront frémir à l'idée d'employer de la crème à 35 %, mais la quantité utilisée est minime et les avantages sur le plan gustatif sont immenses. À la rigueur, vous pourriez prendre de la crème à 10 %. La crème peut être omise complètement mais au détriment de la texture et de la richesse.

Prenez soin de bien laver les poireaux, en les fendant par le milieu et en chassant tous les grains de sable qui auraient pu se loger à la jonction des parties verte et blanche.

Orzo et haricots au four

Préchauffer le four à 180 °C (350 °F)

Cocotte d'une capacité de 2,5 l (10 tasses) munie d'un couvercle

625 ml	orzo	2 1/2 tasses
15 ml	huile d'olive	1 c. à table
125 ml	oignons rouges tranchés	1/2 tasse
2	tomates hachées grossièrement	2
500 ml	SAUCE TOMATE (voir la recette à la page 100)	2 tasses
500 ml	haricots rouges cuits	2 tasses
250 ml	jus de tomate	1 tasse
250 ml	parmesan râpé	1 tasse
15 ml	huile d'olive extra-vierge	1 c. à table
	quelques brins de persil frais haché	
	romano râpé (facultatif)	

Donne de 4 à 6 portions

L'orzo, qui se présente sous la forme de grains rappelant le riz, est peut-être la plus polyvalente de toutes les pâtes. Cette recette appartient à une grande famille de plats au four grecs, mais emprunte à la cuisine italienne sa garniture de fromage. Pour plaire aux jeunes enfants, prenez une sauce tomate plus neutre (la mienne est peut-être trop piquante) et omettez l'oignon rouge sauté. Les enfants semblent avoir un goût inné pour l'orzo, peut-être parce qu'il est si agréable de prendre les grains avec les doigts.

1. Cuire l'orzo dans amplement d'eau bouillante salée jusqu'à ce qu'il soit *al dente,* ce qui devrait prendre environ 10 minutes.

2. Pendant ce temps, dans une poêle, chauffer l'huile pendant 30 secondes ; ajouter les oignons et cuire en remuant jusqu'à ce qu'ils soient légèrement noircis, ce qui devrait prendre 2 minutes.

3. Une fois l'orzo cuit, bien l'égoutter et le mettre dans la cocotte. Ajouter les oignons sautés et mélanger. Ajouter les tomates et la sauce tomate ; bien mélanger. Ajouter les haricots cuits ; retourner jusqu'à ce que le tout soit uniformément mélangé.

4. Couvrir la cocotte et cuire au four pendant 30 minutes. Retirer du four et incorporer le jus de tomate. Garnir de parmesan et cuire au four à découvert pendant encore 10 à 12 minutes, jusqu'à ce que le fromage ait fondu. Servir dans des assiettes à pâtes, en s'assurant que chaque portion comporte du fromage fondu. Arroser chaque portion de quelques gouttes d'huile d'olive extra-vierge et garnir de persil haché. Servir immédiatement, avec du romano si on le désire.

Mumaliga
(Polenta roumaine)

625 ml	eau	2 1/2 tasses
2 ml	sel	1/2 c. à thé
250 ml	farine de maïs jaune	1 tasse
250 ml	fromage cottage	1 tasse
125 ml	crème sure	1/2 tasse
4	oignons verts hachés finement	4
	poivre noir au goût	

Donne 4 portions

Margaret Dragu, avec qui j'ai entretenu une longue union postmoderne, ne jure que par la simplicité de ce plat, qui était au menu quotidien dans sa famille roumaine des Prairies canadiennes. J'apprécie la mumaliga parce qu'elle est à la fois légère et nourrissante, et adaptable à l'infini : elle peut accompagner à peu près n'importe quoi.

1. Porter l'eau à ébullition dans une grande casserole. Mettre le sel. Ajouter la farine de maïs en un fin filet constant, en remuant sans arrêt (de préférence à l'aide d'une cuillère de bois). Réduire le feu à mi-faible, et continuer de remuer pendant 2 à 3 minutes, jusqu'à ce que la préparation soit homogène et ait la consistance d'une purée de pommes de terre.

2. Mettre la mumaliga dans un bol de taille moyenne qu'on recouvrira d'une assiette renversée. Laisser reposer environ 5 minutes.

3. En maintenant l'assiette contre le bol, retourner celui-ci et faire tomber la mumaliga dans l'assiette. (Un petit coup donné sur le fond du bol aidera la polenta à se détacher.) La pâte devrait être molle mais dense et prendre la forme d'un petit gâteau.

4. Couper le gâteau en quatre, puis chaque quartier en 3 tranches. Elles seront collantes mais faciles à séparer. Déposer trois tranches dans chacune des quatre assiettes. Garnir chaque portion de 125 ml (1/4 tasse) de fromage cottage et de 25 ml (2 c. à table) de crème sure. Décorer d'oignons verts et de poivre noir ; servir sans tarder.

Polenta et tomates frites

Donne 4 portions

Mon père, Apostol, a été envoyé à une école privée de Bucarest dans les années 1930, alors que cette ville était le Paris de l'Europe de l'Est. C'est là qu'il a développé une passion pour la mumaliga (voir la recette précédente). Ce plat, avec ses notes italiennes, a été conçu au départ pour passer les restes de mumaliga, qui se sert aussi bien le jour même de sa cuisson que le lendemain. Cependant, je préfère partir d'un lot frais de mumaliga (ou de polenta).

625 ml	eau	2 1/2 tasses
2 ml	sel	1/2 c. à thé
250 ml	farine de maïs jaune	1 tasse
50 ml	huile d'olive	1/4 tasse
25 ml	beurre	2 c. à table
1 ml	sel	1/4 c. à thé
1 ml	poivre	1/4 c. à thé
125 ml	oignons rouges tranchés	1/2 tasse
1/2	poivron vert coupé en lanières	1/2
2	tomates de taille moyenne coupées en huit	2
3	gousses d'ail tranchées finement	3
5 ml	basilic séché	1 c. à thé
125 g	fromage de chèvre émietté	4 oz
	quelques brins de basilic ou de persil frais haché	
4	olives noires dénoyautées et hachées	4

1. Porter l'eau à ébullition dans une grande casserole. Mettre le sel. Ajouter la farine de maïs en un fin filet constant, en remuant sans arrêt (de préférence à l'aide d'une cuillère de bois). Réduire le feu à mi-faible, et continuer de remuer pendant 2 à 3 minutes, jusqu'à ce que la préparation soit homogène et ait la consistance d'une purée de pommes de terre.

2. Mettre la mumaliga dans un bol de taille moyenne qu'on recouvrira d'une assiette renversée. Laisser reposer environ 5 minutes.

3. En maintenant l'assiette contre le bol, retourner celui-ci et faire tomber la mumaliga dans l'assiette. (Un petit coup donné sur le fond du bol aidera la polenta à se détacher.) La pâte devrait être molle mais dense et prendre la forme d'un petit gâteau. Couper le gâteau en quatre, puis chaque quartier en 3 tranches.

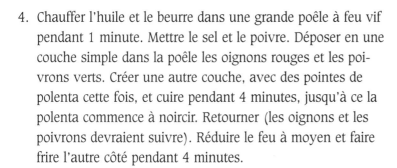

4. Chauffer l'huile et le beurre dans une grande poêle à feu vif pendant 1 minute. Mettre le sel et le poivre. Déposer en une couche simple dans la poêle les oignons rouges et les poivrons verts. Créer une autre couche, avec des pointes de polenta cette fois, et cuire pendant 4 minutes, jusqu'à ce la polenta commence à noircir. Retourner (les oignons et les poivrons devraient suivre). Réduire le feu à moyen et faire frire l'autre côté pendant 4 minutes.

5. Retourner la polenta encore une fois et faire frire le premier côté encore 2 minutes jusqu'à ce que les ingrédients soient légèrement dorés. Mettre la polenta et les légumes en périphérie de la poêle. Porter la chaleur à mi-élevé et mettre les quartiers de tomate au centre de la poêle; faire frire jusqu'à ce que les tomates commencent à ramollir, ce qui devrait prendre de 2 à 3 minutes. Parsemer d'ail et de basilic, et mélanger délicatement les tomates à la polenta pendant 2 à 3 minutes.

6. Répandre les miettes de fromage de chèvre sur la préparation et incorporer dans la polenta. Retirer du feu au moment où le fromage commence à fondre, ce qui se produit habituellement au bout d'une minute. Servir garni d'herbes fraîches hachées et de morceaux d'olives noires.

Pilaf à l'aubergine

Donne 8 portions

Voici une autre de mes recettes préférées que je dois à mon patrimoine culturel. Ce plat de riz peut accompagner avantageusement tout mets végétarien. Il peut même servir de repas complet, si vous ne lésinez pas sur le RAÏTA AU CONCOMBRE. Cette recette est conçue pour une aubergine entière de taille moyenne. Si vous n'avez rien contre l'idée d'utiliser une demi-aubergine seulement, vous pouvez vous contenter de faire la moitié de la recette seulement.

Prenez soin de bien laver les poireaux, en les fendant par le milieu et en chassant tous les grains de sable qui auraient pu se loger à la jonction des parties verte et blanche.

1 l	aubergine non pelée coupée en cubes (environ une de taille moyenne)	4 tasses
15 ml	sel	1 c. à table
25 ml	huile d'olive	2 c. à table
5 ml	sel	1 c. à thé
2 ml	poivre noir	1/2 c. à thé
2 ml	curcuma	1/2 c. à thé
2	clous de girofle	2
pincée	cumin moulu	pincée
1	oignon coupé en petits dés	1
250 ml	poireau haché finement (un de taille moyenne)	1 tasse
4	gousses d'ail émincées	4
500 ml	riz (de préférence du basmati)	2 tasses
750 ml	eau bouillante	3 tasses
50 ml	huile d'olive	1/4 tasse

RAÏTA AU CONCOMBRE
(voir la recette à la page 51)

1. Mettre l'aubergine coupée en cubes dans un bol avec le sel ; recouvrir d'eau froide. Bien mélanger et laisser reposer.

2. Dans une casserole à fond épais munie d'un couvercle fermant bien, chauffer l'huile à feu vif pendant 30 secondes. Ajouter le sel, le poivre noir, le curcuma, les clous de girofle et le cumin ; agiter pendant 30 secondes. Ajouter les oignons et les faire sauter 1 minute. Mettre le poireau haché et continuer à faire sauter pendant encore 1 minute. Ajouter l'ail et poursuivre la cuisson pendant 30 secondes.

3. Ajouter le riz et faire revenir jusqu'à ce que les grains soient brillants, soit pendant environ 1 à 2 minutes. Ne pas s'en faire si les épices semblent brûler au fond de la poêle ; l'étape suivante corrigera cette situation.

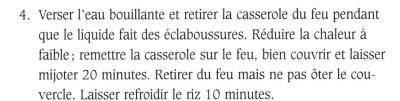

4. Verser l'eau bouillante et retirer la casserole du feu pendant que le liquide fait des éclaboussures. Réduire la chaleur à faible ; remettre la casserole sur le feu, bien couvrir et laisser mijoter 20 minutes. Retirer du feu mais ne pas ôter le couvercle. Laisser refroidir le riz 10 minutes.

5. Pendant ce temps, chauffer 50 ml (¹/₄ tasse) d'huile dans une grande poêle à feu vif pendant 1 minute. Laisser égoutter les cubes d'aubergine et mettre dans l'huile. Faire attention aux éclaboussures. Faire frire pendant 6 ou 7 minutes en remuant et en retournant énergiquement jusqu'à ce que tous les cubes aient ramolli et qu'ils aient commencé à brunir. Retirer du feu et réserver.

6. Défaire le riz à la fourchette et ajouter l'aubergine frite, en retournant le contenu de la poêle à partir de la base pour répartir l'aubergine ainsi que les oignons et les poireaux qui seront remontés à la surface du riz. Mettre dans une assiette de service et servir immédiatement, accompagné d'un bol de RAÏTA AU CONCOMBRE.

Risotto aux champignons

45 ml	beurre	3 c. à table
1 ml	sel	1/4 c. à thé
1 ml	poivre noir	1/4 c. à thé
750 ml	champignons tranchés (sauvages ou cultivés)	3 tasses
15 ml	jus de citron	1 c. à table
1 l	BOUILLON DE CHAMPIGNONS (voir la recette à la page 32)	4 tasses
50 ml	beurre	1/4 tasse
125 ml	oignons coupés en petits dés	1/2 tasse
50 ml	feuilles de céleri hachées ou tiges de céleri coupées en petits dés	1/4 tasse
3	gousses d'ail	3
25 ml	persil frais haché finement	2 c. à table
5 ml	estragon séché	1 c. à thé
250 ml	riz à grain court (arborio ou vialone nano)	1 tasse
2 ml	sel	1/2 c. à thé
250 ml	vin blanc sec	1 tasse
	quelques brins de persil haché	
	poivre noir au goût	
	pecorino ou parmesan râpé (facultatif)	

Donne 4 portions

Malgré sa réputation d'être un plat difficile à réussir, aucun autre plat de riz n'égale le risotto sur le plan de la saveur. Chassons la peur : il est impossible de manquer un risotto si l'on prend un minimum de précautions (et qu'on ne cuisine pas à une température trop élevée). Quant au degré d'agitation requis, considérez-le comme une excellente occasion de réflexion ou d'inspiration. N'est-ce pas Rossini qui disait qu'il avait composé ses plus belles arias en touillant ses risottos? Cette recette est de mon excellent ami gastronome Amnon Medad. Elle n'exige aucune crème mais permet de créer un riz crémeux et onctueux.

1. Chauffer le beurre à feu vif dans une grande poêle jusqu'à ce qu'il fonde et grésille. Mettre le sel et le poivre, puis remuer. Ajouter les champignons tranchés et faire sauter jusqu'à ce qu'ils brunissent, soit pendant 5 ou 6 minutes. Retirer du feu, incorporer le jus de citron et réserver.

2. Dans une casserole, réchauffer le bouillon de champignons progressivement à feu doux jusqu'à ce qu'il soit très chaud. Ne pas laisser bouillir.

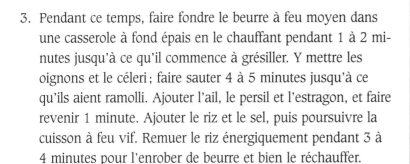

3. Pendant ce temps, faire fondre le beurre à feu moyen dans une casserole à fond épais en le chauffant pendant 1 à 2 minutes jusqu'à ce qu'il commence à grésiller. Y mettre les oignons et le céleri; faire sauter 4 à 5 minutes jusqu'à ce qu'ils aient ramolli. Ajouter l'ail, le persil et l'estragon, et faire revenir 1 minute. Ajouter le riz et le sel, puis poursuivre la cuisson à feu vif. Remuer le riz énergiquement pendant 3 à 4 minutes pour l'enrober de beurre et bien le réchauffer.

4. Verser le vin et cuire en remuant jusqu'à ce que tout le liquide ait été absorbé et que le riz commence à avoir un aspect sec, ce qui devrait prendre 3 minutes. Réduire le feu à moyen et verser environ 125 ml (1/2 tasse) de bouillon de champignons chaud. Remuer, attendre ensuite que le liquide se mette à bouillir et à monter par-dessus le riz. Laisser cuire encore une minute et remuer. Reprendre ce cycle attente-cuisson-remuage jusqu'à ce que la majeure partie du liquide ait été absorbée et que le riz commence à paraître sec.

5. Verser encore 125 ml (1/2 tasse) de bouillon de champignons et reprendre le cycle attente-cuisson-remuage jusqu'à ce que le riz soit bien cuit (encore *al dente* mais avec un centre très tendre). Il se peut qu'on n'ait pas besoin de toute la quantité de bouillon prévue par la recette. Le processus devrait prendre au total 25 à 35 minutes.

6. Ajouter les champignons réservés et les jus qui auraient pu s'accumuler dans la poêle au riz; remuer et cuire 1 minute. Retirer du feu, couvrir et laisser reposer 5 minutes pour permettre l'absorption du liquide excédentaire. Servir garni de persil haché et de poivre fraîchement concassé. Le fromage est vraiment facultatif. Il a tendance à masquer certaines des saveurs subtiles du risotto, mais certains gastronomes ne peuvent manger leur risotto sans fromage.

Donne de 4 à 6 portions

*Riz parfait pour les réceptions,
ce pilaf légèrement sucré et
salé à la fois peut être consom-
mé à température ambiante et
servir d'accompagnement à
à peu près n'importe quoi,
surtout les plats provenant de
la moitié orientale du bassin
méditerranéen. Pour les grands
buffets, on n'a qu'à multiplier
les quantités de la recette.*

Riz levantin

50 ml	huile d'olive	$1/4$ tasse
1 ml	sel	$1/4$ c. à thé
1 ml	poivre noir	$1/4$ c. à thé
2 ml	cannelle moulue	$1/2$ c. à thé
2	oignons hachés finement	2
250 ml	riz à grain court (de préférence arborio ou vialone nano)	1 tasse
2 ml	sucre	$1/2$ c. à thé
25 ml	raisins secs	2 c. à table
425 ml	eau bouillante	$1\,3/4$ tasse
75 ml	pignons rôtis	$1/3$ tasse
	quelques brins de persil haché	

1. Dans une casserole à fond épais munie d'un couvercle fermant bien, chauffer l'huile à feu vif pendant 30 secondes.
Ajouter le sel, le poivre noir et la cannelle ; faire revenir
jusqu'à ce que la cannelle commence à brunir, soit un peu
moins de 1 minute. Ajouter les oignons coupés en dés et
faire sauter pendant 2 minutes pour les ramollir.

2. Ajouter le riz et faire sauter énergiquement pendant 3 minutes jusqu'à ce que tous les grains soient enrobés d'huile et
bien chauds. Ajouter le sucre et les raisins secs ; mélanger en
remuant.

3. Verser immédiatement l'eau bouillante (utiliser 50 ml
[$1/4$ tasse] de moins d'eau si on désire le riz *al dente*), retirer
la casserole du feu pendant 30 secondes. Bien mélanger et
réduire le feu à faible. Bien couvrir la casserole. Laisser mijoter pendant 20 minutes, puis retirer du feu ; ne pas découvrir,
mais plutôt laisser refroidir 10 minutes. (La saveur du riz
s'améliorera dans les 30 à 40 minutes qui suivent la cuisson.)

4. Au moment de servir, défaire le riz à la fourchette, en le
remuant à partir du fond pour redistribuer les oignons qui
auront remonté à la surface et mettre dans un plat de service. Garnir généreusement de pignons et de persil.

LES PLATS DE RÉSISTANCE

Croûte à l'huile d'olive

VOIR PHOTO, PAGE 96

425 ml	farine tout usage	1 3/4 tasse
7 ml	sel	1 1/2 c. à thé
7 ml	levure chimique	1 1/2 c. à thé
125 ml	huile d'olive	1/2 tasse
125 ml	lait	1/2 tasse
1	œuf entier battu	1
	farine supplémentaire, au besoin	

Donne 4 petites croûtes

Cette croûte tout usage pour les tartes salées est un sérieux concurrent à la pâte phyllo du commerce. Elle est facile à travailler, on peut recycler les retailles sans perte et elle se conserve sans problèmes 5 jours au réfrigérateur. On peut également la congeler. Avant de s'en servir, il faudra prendre soin de la bien décongeler et de la pétrir pour faire pénétrer dans la pâte l'huile qui aurait pu suinter.

1. Dans un bol, tamiser ensemble la farine, le sel et la levure chimique. Dans un autre bol, battre au fouet l'huile d'olive, le lait et l'œuf battu. Verser les ingrédients liquides d'un trait dans les ingrédients secs. Avec les doigts ou un mélangeur électrique muni d'un crochet pétrisseur, incorporer les liquides dans la farine. Si l'on se sert d'un batteur, racler les parois du bol à plusieurs reprises. La farine aura absorbé le liquide et la pâte résultante aura la consistance du lobe de l'oreille. Si la pâte n'a pas la texture souhaitée, y incorporer encore 25 ml (2 c. à table) de farine.

2. Mettre la pâte dans un bol, couvrir et laisser au moins une demi-heure au réfrigérateur. Au moment de l'utiliser, pétrir la pâte pour faire pénétrer l'huile qui aurait pu suinter pendant l'entreposage.

3. Pour abaisser la pâte qui servira de base aux recettes de tartes de cet ouvrage, diviser la quantité en quatre morceaux de taille égale. Déposer sur une surface farinée et l'aplatir à la main de manière à obtenir un rond. Le retourner pour fariner l'autre côté. À l'aide d'un rouleau, abaisser la pâte de façon à obtenir une feuille ronde d'une vingtaine de centimètres (8 ou 9 po) de diamètre et épaisse d'environ 0,2 cm (1/8 po). Reprendre ces étapes avec les trois autres morceaux de farine; empiler les ronds en les séparant par des feuilles de papier ciré qui vous permettront de les détacher facilement quand le moment de vous en servir sera venu. Recouvrir la pile de pâtes et réfrigérer.

Tarte aux épinards et à la feta

Préchauffer le four à 120 °C (400 °F)

Plaque à biscuits allant au four graissée légèrement d'huile végétale

1 l	épinards frais hachés finement, bien tassés	4 tasses
500 ml	poireau haché finement (le blanc et le vert), bien tassé	2 tasses
250 ml	feta émiettée	1 tasse
250 ml	mozzarella râpée	1 tasse
45 ml	raisins de Corinthe ou raisins secs	3 c. à table
25 ml	aneth frais haché ou 5 ml (1 c. à thé) d'aneth séché	2 c. à table
25 ml	persil frais haché	2 c. à table
2 ml	poivre noir	1/2 c. à thé
2	œufs entiers	2
5 ml	fécule de maïs	1 c. à thé
4	feuilles de CROÛTE À L'HUILE D'OLIVE (voir la recette à la page 114)	4
1	œuf entier	1
15 ml	lait	1 c. à table

Donne 4 portions en guise de plat principal ; jusqu'à 16 portions pour une collation

Nul doute que la tarte aux épinards grecque (spanokotyropita) est populaire dans le monde entier. Cette recette se permet une légère entorse à la tradition par son usage d'épinards et de poireaux crus, ce qui donne une tarte plus croquante et au goût plus frais.

Ces tartes se mangent chaudes au sortir du four mais elles sont bonnes aussi à température ambiante.

En guise de plat principal, servir une tarte en entier accompagnée de RAÏTA AU CONCOMBRE (voir la recette à la page 51) et une salade. En hors-d'œuvre, coupez chaque tarte en quatre et présentez les morceaux dans une assiette.

1. Mélanger dans un bol les épinards, les poireaux, la feta, la mozzarella, les raisins, l'aneth, le persil et le poivre noir. Battre les œufs et la fécule de maïs ; ajouter au mélange d'épinards et mélanger en remuant énergiquement.

2. Étendre une feuille de croûte à l'huile d'olive sur une surface farinée. Déposer un quart du mélange à base d'épinards, soit environ 375 ml (1 1/2 tasse) sur une moitié de la croûte. Rabattre l'autre moitié et, en s'aidant d'une fourchette ou des doigts, pincer les bords de la pâte. Placer la tarte sur la plaque à biscuits graissée. Répéter ces opérations avec les trois autres croûtes. Battre ensemble l'œuf et le lait, et badigeonner la pâte de ce mélange. Cuire au four jusqu'à ce que les tartes soient dorées et croustillantes, ce qui devrait prendre de 20 à 22 minutes. Servir sans attendre.

Tartes aux légumes et au fromage de chèvre

VOIR PHOTO, PAGE 96

Préchauffer le four à 210 °C (400 °F)

4 ramequins d'une capacité de 375 ml (1¹/₂ tasse) profonds de 5 cm (1 à 2 po) et de 12 cm (5 po) de diamètre

Donne 4 portions

Consistant et réconfortant, ce plat est pour les dimanches où l'on se sent paresseux et qui appellent un repas spécial. Sur le plan logistique, vous pouvez préparer la croûte à l'avance; la réalisation de la garniture exigera environ 45 minutes, après quoi elle aura le loisir de reposer quelques heures à couvert et à température ambiante. L'assemblage final et la cuisson prendront environ une demi-heure. Les calories? Par un dimanche consacré à la paresse, on s'en fout!

500 g	tomates bien mûres (environ 4)	1 lb
250 g	pommes de terre non pelées, nettoyées	¹/₂ lb
75 ml	huile d'olive	5 c. à table
2 ml	sel	¹/₂ c. à thé
2 ml	poivre noir	¹/₂ c. à thé
625 ml	courgette tranchée finement	2 ¹/₂ tasses
375 ml	oignons hachés	1 ¹/₂ tasse
125 ml	poivrons verts hachés	¹/₂ tasse
750 ml	champignons tranchés	3 tasses
5	gousses d'ail	5
5 ml	origan séché	1 c. à thé
7 ml	pâte de tomate	1 ¹/₂ c. à thé
175 ml	eau chaude	³/₄ tasse
125 g	fromage de chèvre mou	4 oz
4	feuilles de CROÛTE À L'HUILE D'OLIVE (voir la recette à la page 114)	4
1	œuf	1
15 ml	lait	1 c. à table

1. Blanchir les tomates à l'eau bouillante pendant 30 secondes. Les peler, les étrogner et les épépiner au-dessus d'un bol. En hacher la chair grossièrement et réserver. Récupérer et passer tout le jus qui aurait pu s'accumuler dans le bol et l'ajouter aux tomates hachées.

2. Faire bouillir les pommes de terre jusqu'à ce qu'on puisse tout juste les percer à la fourchette, soit pendant 6 ou 7 minutes. Laisser refroidir quelques minutes, puis couper en cubes de 1 cm (¹/₂ po). Réserver.

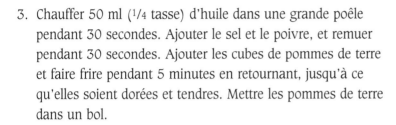

3. Chauffer 50 ml (¹/₄ tasse) d'huile dans une grande poêle pendant 30 secondes. Ajouter le sel et le poivre, et remuer pendant 30 secondes. Ajouter les cubes de pommes de terre et faire frire pendant 5 minutes en retournant, jusqu'à ce qu'elles soient dorées et tendres. Mettre les pommes de terre dans un bol.

4. Mettre les courgettes dans la poêle et les frire en remuant pendant 3 à 4 minutes pour les faire dorer. Les retirer de la poêle et les mettre avec les pommes de terre réservées.

5. Chauffer le reste de l'huile. Mettre dans la poêle les oignons et les poivrons verts ; les faire sauter 1 ou 2 minutes. Ajouter l'ail et cuire 1 ou 2 minutes.

6. Mettre la chair des tomates avec les jus et l'origan dans la poêle. Cuire en remuant pendant 3 minutes pour briser quelque peu les tomates. Ajouter la pâte de tomates diluée d'eau chaude et réduire la température de cuisson à moyen. Cuire en remuant pendant 3 ou 4 minutes, jusqu'à ce que les ingrédients soient bien intégrés et que le mélange fasse des bulles. Mettre le contenu de la poêle dans le bol contenant les pommes de terre et la courgette. Bien mélanger.

7. Déposer le quart du mélange de légumes, soit environ 300 ml (1 ¹/₄ tasse) dans chaque ramequin en s'assurant que chaque portion est accompagnée d'un peu de liquide. Diviser le fromage de chèvre en quatre morceaux et aplatir chaque morceau en un disque de 5 cm (2 po) de diamètre. Déposer ces disques sur les ramequins.

8. Recouvrir le fromage d'une feuille de croûte, en pinçant la pâte aux pourtours. Battre l'œuf et le lait ensemble et badigeonner les croûtes de ce liquide.

9. Cuire au four jusqu'à ce que les tartes soient bien dorées, ce qui devrait prendre 20 à 22 minutes. Les servir immédiatement, accompagnées d'une salade.

Tartes aux poireaux, aux pommes de terre et aux lentilles

Préchauffer le four à 210 °C (400 °F)

4 ramequins d'une capacité de 375 ml (1 1/2 tasse)
profonds de 5 cm (1 à 2 po) et de 12 cm (5 po) de diamètre

Donne 4 portions

Cette garniture au goût subtil fait ressortir les saveurs du terroir des ingrédients qui la composent. Elle ne renferme aucun produit laitier et elle fera les délices des végétariens, accompagnée de SALADE À LA MANGUE ET AU CONCOMBRE, *bien qu'un petit* RAÏTA AU CONCOMBRE, *à base de yogourt, constitue un ajout apprécié.*

Prenez soin de bien laver les poireaux, en les fendant par le milieu et en chassant tous les grains de sable qui auraient pu se loger à la jonction des parties verte et blanche.

50 ml	huile d'olive	1/4 tasse
1 ml	sel	1/4 c. à thé
1 ml	poivre noir	1/4 c. à thé
250 g	pommes de terre bouillies (environ 2), coupées en cubes	1/2 lb
2	poireaux hachés finement (le blanc et le vert)	2
125 ml	SAUCE TOMATE (voir la recette à la page 100)	1/2 tasse
375 ml	jus de tomate	1 1/2 tasse
500 ml	lentilles cuites	2 tasses
250 ml	épinards finement hachés, bien tassés	1 tasse
50 ml	persil frais haché finement	1/4 tasse
4	CROÛTES À L'HUILE D'OLIVE (voir la recette à la page 114)	4
1	œuf	1
15 ml	lait	1 c. à table
	SALADE DE MANGUE ET DE CONCOMBRE (voir la recette à la page 71)	
	RAÏTA AU CONCOMBRE (voir la recette à la page 51)	

1. Chauffer l'huile d'olive dans une poêle grande et profonde à feu vif. Y mettre le sel et le poivre ; remuer. Ajouter les pommes de terre et les poireaux. Faire revenir en remuant énergiquement jusqu'à ce que les poireaux aient cuit en réduisant au quart de leur volume, ce qui devrait prendre environ 5 minutes.

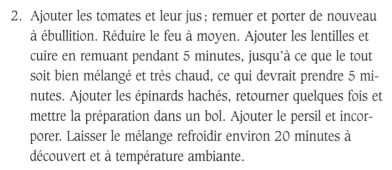

2. Ajouter les tomates et leur jus ; remuer et porter de nouveau à ébullition. Réduire le feu à moyen. Ajouter les lentilles et cuire en remuant pendant 5 minutes, jusqu'à ce que le tout soit bien mélangé et très chaud, ce qui devrait prendre 5 minutes. Ajouter les épinards hachés, retourner quelques fois et mettre la préparation dans un bol. Ajouter le persil et incorporer. Laisser le mélange refroidir environ 20 minutes à découvert et à température ambiante.

3. Déposer le quart du mélange de légumes, soit environ 300 ml (1 1/4 tasse) dans chaque ramequin. Recouvrir chaque ramequin d'une feuille de croûte, en pinçant la pâte aux pourtours. Battre l'œuf et le lait ensemble, et badigeonner les croûtes de ce liquide. Cuire au four jusqu'à ce que les tartes soient bien dorées, ce qui devrait prendre 20 à 22 minutes. Servir accompagnées de SALADE DE MANQUE ET DE CONCOMBRE ou de RAÏTA AU CONCOMBRE, ou des deux.

Tartes au brocoli et à la ricotta

Préchauffer le four à 210 °C (400 °F)

*4 ramequins d'une capacité de 375 ml (1 1/2 tasse)
profonds de 5 cm (1 à 2 po) et de 12 cm (5 po) de diamètre*

Donne 4 portions

Dans ma recherche constante pour faire du brocoli, ce légume très sain, quelque chose d'appétissant (et même d'attrayant), j'ai créé cette tarte simple mais savoureuse, qui convient aussi bien aux jours de semaine qu'aux réceptions. Elle présente une texture intéressante et un amalgame de goûts distincts qui se marient de façon rafraîchissante. Ce plat est faible en calories et s'exécute en un tournemain. Il a donc tout pour plaire.

750 ml	bouquets de brocoli	3 tasses
15 ml	jus de citron	1 c. à table
1 ml	sel	1/4 c. à thé
1 ml	poivre noir	1/4 c. à thé
25 ml	huile d'olive	2 c. à table
125 ml	oignons rouges tranchés finement	1/2 tasse
1	poivron coupé en lanières	1
50 ml	aneth frais haché	1/4 tasse
1	tomate de taille moyenne, tranchée	1
250 ml	ricotta fraîche	1 tasse
4	CROÛTE À L'HUILE D'OLIVE (voir la recette à la page 114)	4
1	œuf	1
15 ml	lait	1 c. à table
45 ml	AÏOLI (voir la recette à la page 46)	3 c. à table
250 ml	yogourt	1 tasse

1. Dans une grande poêle, faire bouillir les bouquets de brocoli pendant 4 à 5 minutes. Laisser égoutter, rincer sous l'eau froide et laisser égoutter encore une fois. Mettre le brocoli dans un bol et incorporer le jus de citron, le sel et le poivre.

2 Chauffer l'huile à feu vif dans une grande poêle pendant 30 secondes. Ajouter les oignons et les poivrons, et faire sauter jusqu'à ce qu'ils soient dorés et commencent à noircir, ce qui devrait prendre de 4 à 5 minutes.

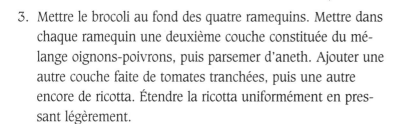

3. Mettre le brocoli au fond des quatre ramequins. Mettre dans chaque ramequin une deuxième couche constituée du mélange oignons-poivrons, puis parsemer d'aneth. Ajouter une autre couche faite de tomates tranchées, puis une autre encore de ricotta. Étendre la ricotta uniformément en pressant légèrement.

4. Recouvrir chaque ramequin d'une feuille de croûte, en pinçant la pâte aux pourtours. Battre l'œuf et le lait ensemble et badigeonner les croûtes de ce liquide. Cuire au four jusqu'à ce que les tartes soient bien dorées, ce qui devrait prendre 20 à 22 minutes. Mélanger l'AïOLI et le yogourt, et mettre dans un bol de service. Servir les tartes immédiatement, accompagnées de cette sauce.

Tarte à l'aubergine et aux champignons

Préchauffer le four à 120 °C (400 °F)

Plaque à biscuits allant au four graissée légèrement d'huile végétale

Donne 4 portions en guise de plat principal; jusqu'à 16 portions pour une collation

Le goût du terroir et la texture fondante de l'aubergine et du concombre se marient pour donner ce repas hivernal très consistant.

Comme à l'habitude avec ce genre de tartes, on peut préparer la garniture et la croûte à l'avance, pour les assembler plus tard avant de les passer 30 minutes au four. Les tartes se mangent chaudes au sortir du four, mais sont tout aussi bonnes à température ambiante.

Comme plat principal, servir une tarte par personne accompagnée de RAÏTA AU CONCOMBRE et d'une salade; en guise d'entrée, couper chaque tarte en quatre et servir dans des assiettes.

1	aubergine d'environ 500 g (1 lb) non pelée et coupée en cubes	1
5 ml	sel	1 c. à thé
50 ml	huile végétale	1/4 tasse
25 ml	huile d'olive	2 c. à table
1 ml	sel	1/4 c. à thé
1 ml	poivre noir	1/4 c. à thé
750 ml	champignons tranchés finement	3 tasses
4	gousses d'ail tranchées finement	4
125 ml	pignons rôtis	1/2 tasse
50 ml	menthe fraîche hachée finement ou 25 ml (2 c. à table) de menthe séchée	1/4 tasse
15 ml	jus de citron	1 c. à table
5 ml	câpres égouttées	1 c. à thé
6	olives noires dénoyautées et hachées grossièrement	6
4	feuilles de CROÛTE À L'HUILE D'OLIVE (voir la recette à la page 114)	4
1	œuf	1
15 ml	lait	1 c. à table

RAÏTA AU CONCOMBRE
(voir la recette à la page 51)

1. Mettre l'aubergine coupée en cubes et le sel dans un bol; recouvrir d'eau froide. Bien mélanger et laisser reposer. Laisser tremper de 5 à 10 minutes.

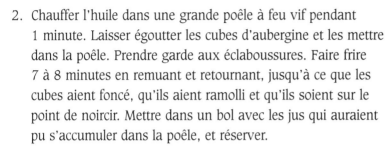

2. Chauffer l'huile dans une grande poêle à feu vif pendant 1 minute. Laisser égoutter les cubes d'aubergine et les mettre dans la poêle. Prendre garde aux éclaboussures. Faire frire 7 à 8 minutes en remuant et retournant, jusqu'à ce que les cubes aient foncé, qu'ils aient ramolli et qu'ils soient sur le point de noircir. Mettre dans un bol avec les jus qui auraient pu s'accumuler dans la poêle, et réserver.

3. Remettre le poêle sur le feu. Y mettre l'huile d'olive, le sel et le poivre ; remuer pendant 30 secondes. Ajouter les champignons et les faire sauter jusqu'à ce qu'ils jettent du liquide, soit pendant 2 à 3 minutes. Ajouter l'ail et faire sauter 1 minute. Mettre le contenu de la poêle avec les jus dans le bol contenant l'aubergine. Ajouter les pignons, la menthe, le jus de citron, les câpres et les olives ; bien retourner le tout pour mélanger.

4. Étendre une feuille de croûte à l'huile d'olive sur un plan de travail fariné. À la cuillère, déposer un quart du mélange d'aubergine, soit environ 175 ml (³/4 tasse) sur la moitié inférieure de la croûte. Rabattre l'autre moitié et, en s'aidant d'une fourchette ou des doigts, pincer les bords de la pâte. Placer la tarte sur la plaque à biscuits graissée. Répéter ces opérations avec les trois autres croûtes. Battre l'œuf et le lait et badigeonner la pâte de ce mélange. Cuire au four pendant 20 à 22 minutes jusqu'à ce que les tartes soient dorées et croustillantes. Servir sans attendre, accompagnées de RAÏTA AU CONCOMBRE.

Aubergines farcies

VOIR PHOTO, PAGE 128

Préchauffer le four à 120 °C (400 °F)

Plaque à biscuits allant au four graissée légèrement d'huile végétale

**Donne 4 portions
servies en guise
d'entrée, et 2 comme
plat principal**

Le nom turc de ce plat est Imam Bayildi, ce qui signifie « l'imam s'est évanoui ». La légende veut que l'imam, ayant apprécié son repas mais étant de petit appétit, ait demandé à sa femme combien d'huile d'olive elle avait utilisé pour préparer ce plat. Quand elle le lui dit, il s'évanouit sous le choc. Dans cette version j'ai réduit la quantité d'huile, mais cette préparation, ou tout autre plat à base d'aubergine, est un plaisir huileux.

2	petites aubergines d'environ 5 cm sur 10 cm (2 po sur 4 po)	2
5 ml	sel	1 c. à thé
50 ml	huile végétale	1/4 tasse
45 ml	huile d'olive	3 c. à table
2 ml	poivre noir	1/2 c. à thé
pincée	cannelle	pincée
1	oignon coupé en petits dés	1
1/2	poivron vert coupé en fines lanières	1/2
3	gousses d'ail émincées	3
5 ml	origan séché	1 c. à thé
25 ml	raisins de Corinthe ou raisins secs	2 c. à table
50 ml	pignons rôtis	1/4 tasse
1	tomate tranchée	1
	quelques brins de persil frais haché	

1. Entailler partiellement, mais non complètement, les aubergines dans le sens de la longueur de façon qu'on puisse les disposer en éventail comme un papillon, côté peau orienté vers le bas. Saler la chair et laisser reposer 10 minutes. Rincer et sécher avec de l'essuie-tout.

2. Chauffer l'huile végétale dans une grande poêle à feu vif jusqu'à ce qu'elle soit sur le point de fumer. Y mettre les aubergines, côté chair orienté vers le bas. Prudence, car il y a risque d'éclaboussure ; l'usage d'un crible à friture est recommandé. Réduire le feu à mi-élevé et faire sauter les aubergines 2 minutes jusqu'à ce qu'elles soient dorées. Les retourner, prendre garde encore une fois aux éclaboussures et faire revenir côté peau cette fois pendant encore 2 minutes. Retirer de la poêle et mettre sur de l'essuie-tout pour éponger l'excédent d'huile.

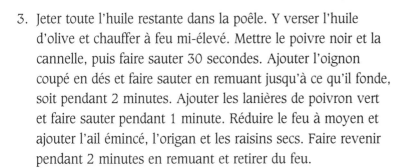

3. Jeter toute l'huile restante dans la poêle. Y verser l'huile d'olive et chauffer à feu mi-élevé. Mettre le poivre noir et la cannelle, puis faire sauter 30 secondes. Ajouter l'oignon coupé en dés et faire sauter en remuant jusqu'à ce qu'il fonde, soit pendant 2 minutes. Ajouter les lanières de poivron vert et faire sauter pendant 1 minute. Réduire le feu à moyen et ajouter l'ail émincé, l'origan et les raisins secs. Faire revenir pendant 2 minutes en remuant et retirer du feu.

4. Disposer les aubergines frites, côté peau orienté vers le bas, sur la plaque à biscuits. Y répandre les pignons uniformément. Garnir uniformément du mélange d'oignon frit et de tranches de tomate. Cette préparation peut maintenant reposer 1 heure à découvert.

5. Cuire les aubergines farcies au four pendant 20 à 25 minutes jusqu'à ce que les tomates soient cuites et effondrées, et que le tout ait un aspect brillant. Retirer du four et soulever les aubergines prudemment afin de ne pas les défaire et les déposer sur une assiette de service. Garnir de persil haché et servir.

Ragoût de pois chiches et de tofu

VOIR PHOTO, PAGE 129

Préchauffer le four à 120 °C (400 °F)

Cocotte d'une capacité de 1,5 l (6 tasses)

Donne 4 portions

Mets d'hiver nourrissant et savoureux, de ragoût est renforcé par l'ajout du tofu, un ingrédient à la valeur nutritive très élevée. Il est impératif d'employer du tofu ferme (souvent appelé « pressé »); la variété molle se désintégrerait pendant la cuisson. Quant aux pois chiches, vous avez le choix : prenez-en en boîte ou faites-les cuire vous-même.

Excellent servi avec une salade, du riz vapeur et une sauce à base de yogourt.

Pour obtenir un goût plus épicé, remplacer l'assaisonnement au chili par du poivre de Cayenne.

500 g	tomates bien mûres (environ 4)	1 lb
45 ml	huile d'olive	3 c. à table
2 ml	sel	1/2 c. à thé
2 ml	paprika	1/2 c. à thé
2 ml	graines de cumin	1/2 c. à thé
2 ml	assaisonnement au chili	1/2 c. à thé
625 ml	oignons tranchés finement	2 1/2 tasses
1/2	poivron vert tranché finement	1/2
4	gousses d'ail émincées	4
2	feuilles de laurier	2
250 ml	eau très chaude	1 tasse
10 ml	jus de lime	2 c. à thé
500 ml	pois chiches cuits	2 tasses
250 g	tofu ferme en cubes de 1 cm (1/2 po)	1/2 lb
5 ml	huile d'olive (facultative)	1 c. à thé
50 ml	oignon rouge coupé en petit dés	1/4 tasse

1. Blanchir les tomates à l'eau bouillante pendant 30 secondes. Les peler, les étrogner et les épépiner au-dessus d'un bol. En hacher la chair grossièrement et réserver. Récupérer et passer tout le jus qui aurait pu s'accumuler dans le bol et l'ajouter aux tomates hachées.

2. Chauffer l'huile d'olive dans une grande poêle à feu vif pendant 30 secondes. Ajouter le sel, le paprika, les graines de cumin et l'assaisonnement au chili en succession rapide. Faire sauter pendant 30 secondes. Ajouter les oignons et faire revenir pendant 1 minute. Ajouter le poivron vert et faire ramollir en 2 ou 3 minutes. Ajouter l'ail et faire sauter 1 minute. Ajouter la chair et les jus de la tomate. Cuire en remuant pendant 3 minutes pour défaire quelque peu la tomate.

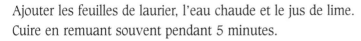

Ajouter les feuilles de laurier, l'eau chaude et le jus de lime.
Cuire en remuant souvent pendant 5 minutes.

3. Mettre la sauce dans la cocotte. Incorporer les pois chiches
   à la sauce. Répartir les cubes de tofu uniformément à la surface et les enfoncer délicatement dans la sauce.

4. Cuire le ragoût à découvert pendant 25 à 30 minutes jusqu'à
   ce qu'il bouillonne et qu'il soit brillant. Arroser d'huile d'olive
   au goût et garnir d'oignons rouges et de coriandre.

Enchiladas à la façon de Judi

Préchauffer le four à 180 °C (350 °F)

Plat rectangulaire de 45 cm sur 25 cm (9 po sur 13 po),
graissé légèrement d'huile d'olive

Donne 4 portions

Cette évocation de la cuisine « tex-mex » est un autre souvenir gardé de ma longue collaboration avec Judi Roe, grande chef dans le sud-ouest du Québec. Souvent, l'été, nous offrions ce plat aux membres des équipes de tournage ; ils mangeaient en plein air sur des tables de pique-nique, et tout de suite, nous nous retrouvions dans une atmosphère méridionale.

Les tortillas de maïs sont les meilleures pour cette recette.

Les végétaliens ou les personnes soucieuses de leurs calories peuvent facilement omettre le fromage et la crème sure pour un repas plus maigre mais tout aussi délicieux.

45 ml	huile végétale	3 c. à table
15 ml	assaisonnement au chili	1 c. à table
pincée	sel	pincée
1	oignon coupé en petits dés	1
2	gousses d'ail émincées	2
250 ml	BOUILLON DE LÉGUMES concentré (voir la recette à la page 28)	1 tasse
250 ml	jus de tomate	1 tasse
5 ml	fécule de maïs	1 c. à thé
15 ml	eau	1 c. à table
1	tomate de taille moyenne pelée, épépinée et hachée finement	1
250 g	pommes de terre bouillies et coupées en cubes (environ 2)	1/2 lb
500 ml	haricots romains cuits	2 tasses
375 ml	fromage râpé (Monterey Jack ou cheddar mi-fort)	1 1/2 tasse
12	petites tortillas d'environ 15 cm (6 po), de préférence de maïs	12
125 ml	crème sure (facultative)	1/2 tasse
	quelques brins de coriandre fraîche hachée	

1. Préparation de la sauce : Chauffer l'huile végétale dans une casserole à feu vif pendant 30 secondes. Ajouter l'assaisonnement au chili et le sel, et remuer pendant 30 secondes

AUBERGINES FARCIES (PAGE 124) ➤

PAGE SUIVANTE (DE GAUCHE À DROITE) : CARI DE CHOU-FLEUR ET DE POIS (PAGE 130) ➤
RAÏTA À LA MANGUE (PAGE 52); DHAL AUX ÉPINARDS (PAGE 132)

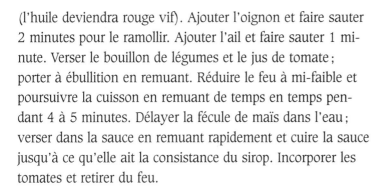

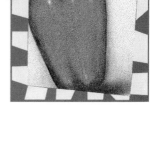

(l'huile deviendra rouge vif). Ajouter l'oignon et faire sauter 2 minutes pour le ramollir. Ajouter l'ail et faire sauter 1 minute. Verser le bouillon de légumes et le jus de tomate ; porter à ébullition en remuant. Réduire le feu à mi-faible et poursuivre la cuisson en remuant de temps en temps pendant 4 à 5 minutes. Délayer la fécule de maïs dans l'eau ; verser dans la sauce en remuant rapidement et cuire la sauce jusqu'à ce qu'elle ait la consistance du sirop. Incorporer les tomates et retirer du feu.

2. Préparation de la garniture : Mélanger dans un bol les pommes de terre, les haricots et le fromage râpé, en retournant délicatement pour bien mélanger les ingrédients sans broyer les pommes de terre ni les haricots.

3. Assemblage des enchiladas : Saisir une tortilla, la tremper dans la sauce pour l'en enrober et la mettre dans le plat allant au four. Déposer 75 ml (1/3 tasse) de garniture au centre et l'enrouler comme un cigare. Répéter cette opération avec les autres tortillas.

4. Arroser uniformément les tortillas de la sauce restante et cuire au four pendant environ 15 minutes pour bien réchauffer. Déposer les enchiladas dans quatre assiettes (à raison de 3 enchiladas par assiette) et garnir si on le désire de 15 à 25 ml (1 à 2 c. à table) de crème sure. Décorer de coriandre et servir accompagnées de riz et de salade.

◄ RAGOÛT DE POIS CHICHES ET DE TOFU (PAGE 126)

Cari de chou-fleur et de pois

VOIR PHOTO, PAGE 129

750 g	tomates bien mûres (environ 6)	1 1/2 lb
2	oignons coupés en quatre	2
5	gousses d'ail coupées en deux	5
25 ml	gingembre émincé	2 c. à table
15 ml	curcuma	1 c. à table
15 ml	coriandre moulue	1 c. à table
2	piments forts verts hachés	2
50 ml	*ghee* (beurre clarifié)	1/4 tasse
5 ml	graines de moutarde noire	1 c. à thé
5 ml	graines de cumin	1 c. à thé
5 ml	graines de fenouil	1 c. à thé
15 ml	sel	1 c. à table
1	chou-fleur, sans les tiges	1
175 ml	pois surgelés	3/4 tasse
15 ml	menthe fraîche hachée	1 c. à table
5 ml	garam massala	1 c. à thé
125 ml	yogourt	1/2 tasse
25 ml	coriandre fraîche hachée	2 c. à table

RAÏTA À LA MANGUE
(voir la recette à la page 52)

DHAL AUX ÉPINARDS
(voir la recette à la page 132)

riz vapeur

Donne 6 portions

Kamala McCarthy, qui a déjà autant vécu que trois personnes, partage maintenant son temps entre l'Inde et l'Estrie. Je lui ai rendu visite par une belle journée de juillet au moment où elle engrangeait la récolte du potager de son mari Kabir. Nous sommes ensuite allés dans sa cuisine ensoleillée où elle nous a composé ce merveilleux cari en moins de 1 heure. Même s'il est relativement simple, il exige 18 ingrédients, dont certains (les graines de moutarde noire) doivent être achetés dans une épicerie spécialisée.

Pour fabriquer du ghee *(beurre clarifié), cuire le beurre très lentement à feu doux et récupérer le petit lait qui remontera en surface.*

1. Blanchir les tomates à l'eau bouillante pendant 30 secondes. Les peler, les étrogner et les épépiner au-dessus d'un bol. En hacher la chair grossièrement et réserver. Récupérer et passer tout le jus qui aurait pu s'accumuler dans le bol et l'ajouter aux tomates hachées.

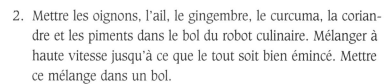
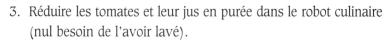

2. Mettre les oignons, l'ail, le gingembre, le curcuma, la coriandre et les piments dans le bol du robot culinaire. Mélanger à haute vitesse jusqu'à ce que le tout soit bien émincé. Mettre ce mélange dans un bol.

3. Réduire les tomates et leur jus en purée dans le robot culinaire (nul besoin de l'avoir lavé).

4. Chauffer le beurre clarifié dans une grande casserole à feu moyen pendant 1 minute. Mettre dans la casserole les graines de moutarde, de cumin et de fenouil ; les faire revenir jusqu'à ce qu'elles commencent à éclater, soit pendant 2 à 3 minutes. Ajouter le mélange ail-oignon réservé et faire sauter jusqu'à ce que le tout commence à noircir, soit environ 4 ou 5 minutes. Ajouter la purée de tomate et cuire en remuant pendant 5 minutes.

5. Saler et mettre le chou-fleur dans la sauce. Cuire à découvert pendant 20 minutes en remuant de temps en temps.

6. Ajouter les pois surgelés, la menthe et le garam massala ; retourner délicatement et cuire 3 à 5 minutes. Incorporer le yogourt et cuire encore 1 à 2 minutes ; retourner encore une fois et retirer du feu. Laisser le cari reposer quelques minutes à découvert. Mettre dans un bol de service et garnir généreusement de coriandre. Servir avec du RAÏTA À LA MANGUE, du DHAL AUX ÉPINARDS et du riz vapeur.

Dhal aux épinards

VOIR PHOTO, PAGE 129

875 ml	*masoor dhal* (lentilles rouges), rincées et égouttées	3 1/2 tasses
2 l	eau	8 tasses
15 ml	curcuma	1 c. à table
5 ml	clous de girofle entiers	1 c. à thé
3	feuilles de laurier	3
25 ml	*ghee* (beurre clarifié)	2 c. à table
2	oignons hachés finement	2
25 ml	gingembre émincé	2 c. à table
5	gousses d'ail émincées	5
1,5 l	épinards frais hachés, bien tassés	6 tasses
15 ml	sel	1 c. à table
50 ml	*ghee* (beurre clarifié)	1/4 tasse
5 ml	graines de moutarde noire	1 c. à thé
5 ml	graines de cumin	1 c. à thé
20 ml	garam massala	4 c. à thé
25 ml	coriandre fraîche hachée	2 c. à table

RAÏTA AU CONCOMBRE
(voir la recette à la page 51)

CARI DE CHOU-FLEUR ET DE POIS
(voir la recette à la page 130)

riz vapeur

Donne 6 portions

*Ce plat de lentilles (*dhal*) indien, des plus savoureux, réconfortants et sains montre les capacités culinaire du chef Kamala McCarthy pour la cuisine piquante quand elle s'en donne la peine. Pour équilibrer le repas, elle le sert avec un cari végétarien (comme le* CARI DE CHOU-FLEUR ET DE POIS *à la page 130). Kamala préfère utiliser des lentilles* chana dhal, *qui exigent 1 heure de trempage et 1 1/2 heure de cuisson. J'ai plutôt opté pour les lentilles* masoor dhal, *ces minuscules lentilles rouges qui n'exigent à peu près pas de trempage et cuisent rapidement. J'admets que je dois alors renoncer à la texture de noisette des lentilles* chana, *mais je gagne sur le plan de la consistance crémeuse et riche des petites lentilles ainsi que sur le plan de leur couleur vive.*

On peut trouver du ghee (beurre clarifié) dans les épiceries indiennes ou le faire soi-même en chauffant du beurre à feu doux (sans le faire bouillir) et en écumant le petit lait qui remontera alors à la surface.

1. Mettre les lentilles *dhal* et l'eau dans une grande casserole et porter à ébullition. Retirer du feu. Ajouter le curcuma, les clous de girofle et les feuilles de laurier ; remuer. Laisser reposer 10 à 15 minutes jusqu'à ce que les lentilles aient gonflé et absorbé la majeure partie de l'eau.

2. Mettre la casserole de lentilles à feu vif et cuire de 5 à 7 minutes en remuant de temps en temps jusqu'à ce que le liquide bouillonne. Réduire le feu à moyen et poursuivre la

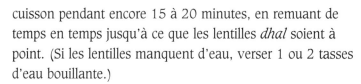

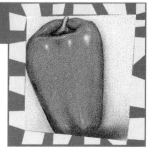

cuisson pendant encore 15 à 20 minutes, en remuant de temps en temps jusqu'à ce que les lentilles *dhal* soient à point. (Si les lentilles manquent d'eau, verser 1 ou 2 tasses d'eau bouillante.)

3. Pendant ce temps, chauffer le *ghee* dans une poêle à feu vif pendant 30 secondes. Y faire sauter les oignons pendant 2 minutes. Ajouter le gingembre et l'ail et faire sauter encore 2 minutes. Retirer du feu et ajouter les lentilles *dhal.* Poursuivre la cuisson des lentilles pendant encore 5 minutes en remuant de temps en temps. Ajouter les épinards hachés et le sel, bien remuer puis cuire encore 10 minutes.

4. Pendant ce temps, chauffer le *ghee* dans une petite casserole à feu moyen pendant 1 minute. Ajouter les graines de moutarde et de cumin. Faire sauter jusqu'à ce que les graines commencent à éclater, soit pendant 2 à 3 minutes. Ajouter ce mélange au *dhal* en train de mijoter. Le gras très chaud rencontrera les lentilles humides en produisant un grésillement caractéristique (appelé «*chaunk*»). Remuer, ajouter 45 ml (3 c. à thé) de garam massala. Remuer encore une fois, réduire le feu à mi-faible et poursuivre la cuisson 5 minutes en remuant de temps en temps.

5. Retirer du feu et laisser reposer à découvert pendant 15 minutes. Mettre dans un bol de service, saupoudrer du garam massala restant et de coriandre. Servir accompagné de RAÏTA AU CONCOMBRE, de CARI DE CHOU-FLEUR ET DE POIS et de riz vapeur.

Moussaka végétarienne

Préchauffer le four à 180 °C (350 °F)

Plat profond allant au four mesurant environ 30 sur 40 cm (12 sur 16 po)

**Donne de
15 à 20 portions**

Les Grecs ont emprunté à l'Orient l'idée de mélanger l'aubergine frite avec une sauce à la viande, et ce mariage a enfanté ce glorieux plat gratiné, souvent au centre des réceptions. J'en ai éliminé la viande et augmenté la quantité de légumes aromatiques pour créer cette solution de rechange très satisfaisante. Je présente la version destinée aux grands buffets, car il ne vaut pas la peine de se lancer dans la confection complexe de la moussaka pour quelques portions seulement. Avec les proportions que nous proposons, vous ne passerez pas plus de temps devant la cuisinière que pour un autre plat, portion pour portion.

Aubergines :

3	aubergines, d'environ 500 g (1 lb) chacune	3
15 ml	sel	1 c. à table
250 ml	huile végétale	1 tasse

Pommes de terre :

1,5 kg	pommes de terre (environ 9) non pelées et nettoyées, en tranches épaisses	3 lb
125 ml	huile végétale	1/2 tasse

Sauce aux légumes :

1	brocoli	1
50 ml	huile d'olive	1/4 tasse
10 ml	sel	2 c. à thé
5 ml	poivre noir	1 c. à thé
500 ml	oignons tranchés finement	2 tasses
1	poivron vert tranché finement	1
1	poivron rouge tranché finement	1
750 ml	champignons tranchés	3 tasses
1 l	SAUCE TOMATE (voir la recette à la page 100)	4 tasses
5 ml	origan séché	1 c. à thé
500 ml	ricotta	2 tasses

Sauce au fromage :

1 l	lait	4 tasses
2	feuilles de laurier	2
125 ml	beurre	1/2 tasse
2 ml	muscade râpée	1/2 c. à thé
2 ml	sel	1/2 c. à thé
2 ml	poivre noir	1/2 c. à thé
150 ml	farine	2/3 tasse
500 ml	mozzarella râpée	2 tasses
50 ml	romano râpé finement	1/4 tasse
6	œufs entiers bien battus	6

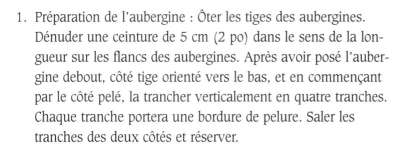
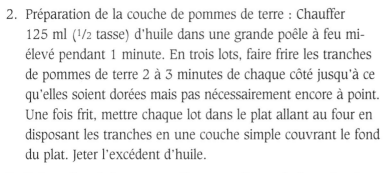

1. Préparation de l'aubergine : Ôter les tiges des aubergines. Dénuder une ceinture de 5 cm (2 po) dans le sens de la longueur sur les flancs des aubergines. Après avoir posé l'aubergine debout, côté tige orienté vers le bas, et en commençant par le côté pelé, la trancher verticalement en quatre tranches. Chaque tranche portera une bordure de pelure. Saler les tranches des deux côtés et réserver.

2. Préparation de la couche de pommes de terre : Chauffer 125 ml (1/2 tasse) d'huile dans une grande poêle à feu mi-élevé pendant 1 minute. En trois lots, faire frire les tranches de pommes de terre 2 à 3 minutes de chaque côté jusqu'à ce qu'elles soient dorées mais pas nécessairement encore à point. Une fois frit, mettre chaque lot dans le plat allant au four en disposant les tranches en une couche simple couvrant le fond du plat. Jeter l'excédent d'huile.

3. Préparation de la sauce au légumes : Couper la base des tiges du brocoli et réserver pour un autre usage. Séparer ce qui reste en branches et faire bouillir à feu vif pendant 4 minutes. Laisser égoutter, rafraîchir dans l'eau glacée, laisser égoutter encore une fois puis hacher finement. Réserver.

4. Chauffer l'huile d'olive dans une grande poêle à feu vif. Saler, poivrer et remuer. Ajouter les oignons, les poivrons verts et rouges et faire sauter de 4 à 5 minutes jusqu'à ce que les légumes aient ramolli. Ajouter les champignons tranchés, retourner puis faire sauter 3 à 4 minutes, jusqu'à ce que le mélange soit humide et brillant. Mettre les légumes dans un bol. Ajouter la sauce tomate, l'origan et le brocoli ; bien mélanger. Étendre les légumes sur la couche de pommes de terre dans le plat allant au four, puis mettre de la ricotta en cuillerées généreuses et espacées sur les dessus.

5. Cuisson de l'aubergine : Chauffer 125 ml (1/2 tasse) d'huile végétale à feu mi-élevé. Rincer rapidement les tranches d'aubergine salées et laisser égoutter. Faire frire les tranches par lots, 2 à 3 minutes par côté, jusqu'à ce qu'elles soient dorées. Verser de l'huile pour les lots suivants au besoin. Dès qu'un lot de tranches d'aubergine est prêt, les mettre sur de l'essuie-tout pour les faire égoutter, puis les déposer en une

couche unique sur la ricotta dans le plat allant au four. Une fois posée la couche d'aubergines, la moussaka peut reposer en attendant la dernière touche.

6. Préparation de la sauce au fromage : Chauffer le lait et les feuilles de laurier dans une petite casserole à feu doux jusqu'à ce que le liquide soit chaud mais pas trop. Pendant ce temps, faire fondre en remuant le beurre avec la muscade, le sel et le poivre dans une casserole profonde à feu moyen jusqu'à la formation de bulles, ce qui devrait prendre 3 à 4 minutes ; éviter de laisser brunir le beurre. Ajouter la farine et remuer énergiquement pendant 3 à 4 minutes jusqu'à ce que toute la farine ait été absorbée et que le mélange, nommé roux, ait recommencé à faire des bulles et à adhérer légèrement à la casserole.

7. Retirer les feuilles de laurier du lait chaud et verser ce dernier d'un seul trait dans le roux, en battant le tout au fouet jusqu'à ce que la sauce commence à épaissir. Réduire le feu à mi-faible et continuer à remuer pendant 3 à 4 minutes jusqu'à ce que la sauce soit épaisse comme de la crème riche. Retirer du feu et laisser refroidir 5 ou 6 minutes.

8. Ajouter la mozzarella et le romano à la sauce, et bien mélanger au fouet. Ajouter les œufs battus en un filet constant, en fouettant énergiquement pour homogénéiser. Étendre la sauce sur la couche d'aubergines sur la moussaka de façon à en couvrir la surface uniformément.

9. Cuire la moussaka au four pendant 1 heure, jusqu'à ce que le dessus soit ferme au toucher et bien doré sur les bords. Retirer du four et découper la moussaka en 20 morceaux. Ne pas tenter de démouler ; présenter dans le plat de cuisson sur le buffet ou à table, en soulevant les portions à la spatule pour les mettre ensuite directement dans les assiettes.

LES LÉGUMES D'ACCOMPAGNEMENT

Rappini au vinaigre balsamique

VOIR PHOTO, PAGE 97

1	botte de rappini lavé, dont on aura ôté 3 cm (1 1/2 po) aux extrémités	1
5 ml	sel	1 c. à thé
45 ml	vinaigre balsamique	3 c. à table
25 ml	huile d'olive extra-vierge	2 c. à table
	poivre noir au goût	
	quelques brins de basilic ou de persil frais haché	
50 ml	oignons rouges tranchés finement	1/4 tasse
5 ml	câpres égouttées	1 c. à thé
45 ml	parmesan râpé ou pecorino	3 c. à table

Donne 4 portions

Certains légumes parmi les meilleurs pour la santé sont aussi les moins populaires, notamment les légumes amers comme les feuilles de pissenlit et le rappini. Pourquoi ? Eh bien, surtout parce qu'ils sont traités comme les épinards, c'est-à-dire étuvés et servis nature ou avec du beurre, en guise de légume. Préparés de cette façon, ils sont en effet « mortels ».

Pour apprendre comment les légumes feuillus verts peuvent être rendus délicieux, nous devons nous tourner vers les Italiens, qui mettent leurs condiments et fromages sans pareils à contribution pour créer la sorte de sorcellerie culinaire nécessaire pour rendre ces légumes savoureux. Ces condiments utilisés, dont l'huile d'olive, le vinaigre balsamique et le parmesan, confèrent saveur et qualités qui interagissent avec l'amertume de la plante et la rendent intéressante.

On peut servir ce légume immédiatement ou le laisser reposer 1 heure à couvert et à température ambiante.

1. Parer le rappini. Enlever 6 cm (2 1/2 po) de la partie supérieure, celle qui porte les feuilles et les fleurs, et réserver. Couper le reste des tiges en tronçons de 2,5 cm (1 po).

2. Dans une grande casserole, porter 3 cm (1 1/2 po) d'eau à ébullition. Ajouter le sel, mettre les tronçons de rappini et cuire à découvert jusqu'à ce que le légume soit tendre, soit pendant environ 8 minutes. Ajouter les parties supérieures réservées et cuire encore 8 minutes à découvert. Laisser égoutter, rafraîchir sous l'eau froide et laisser égoutter encore une fois.

3. Mettre le rappini égoutté dans une assiette de service. Mélanger dans un petit bol le vinaigre balsamique, l'huile d'olive, le poivre au goût et le basilic ou le persil haché. Napper uniformément le rappini de cette sauce. Y disperser les tranches d'oignon rouge et les câpres, puis garnir de râpures de fromage.

Chou rouge sauté

1,4 l	chou rouge râpé finement	5 1/2 tasses
15 ml	vinaigre de cidre	1 c. à table
5 ml	sel	1 c. à thé
25 ml	huile végétale	2 c. à table
1 ml	poivre	1/4 c. à thé
1 ml	poivre	1/4 c. à thé
5 ml	graines de fenouil	1 c. à thé
1	petit poivron vert coupé en fines lanières	1
15 ml	vinaigre de cidre	1 c. à table
	quelques brins d'aneth frais haché	

Donne de 4 à 6 portions

Avec son goût légèrement aigre, le chou rouge étonnant apporte une étincelle de saveur bienvenue (sans parler de ses qualités nutritives) dans tout régime végétarien. Les graines de fenouil et l'aneth frais ajoutent du caractère sans voler la vedette à l'humble chou rouge.

On peut servir ce plat immédiatement ou le laisser reposer 2 heures à couvert et à température ambiante.

1. Mettre le chou dans une casserole et le recouvrir d'eau froide ; ajouter le vinaigre et le sel. Mettre la casserole à feu vif pendant 7 à 8 minutes, presque jusqu'à ébullition. Laisser égoutter le chou, rafraîchir sous l'eau froide et laisser égoutter encore une fois.

2. Chauffer l'huile dans une grande poêle à feu vif pendant 30 secondes. Ajouter le sel, le poivre et les graines de fenouil puis faire revenir pendant 1 minute, ou jusqu'à ce que les graines commencent à éclater. Ajouter les lanières de poivron vert puis faire sauter pendant 1 minute, jusqu'à ce que le poivron ramollisse.

3. Ajouter le chou au contenu de la poêle et faire sauter pendant 3 ou 4 minutes jusqu'à ce qu'il soit brillant et bien réchauffé.

4. Retirer du feu. Ajouter le vinaigre de cidre et la moitié de l'aneth haché. Bien mélanger en retournant. Mettre dans un plat de service et garnir du reste de l'aneth.

Donne de 4 à 5 portions

Les petits piments dodus d'un beau vert qui tirent leur nom de la ville mexicaine de Jalapa (dans l'État du Veracruz) sont devenus aussi courants dans nos marchés que dans leur pays d'origine. Voici une recette dans laquelle le piquant des piments rehausse agréablement le goût du brocoli.

On peut servir ce légume immédiatement ou le laisser reposer 2 heures à couvert et à température ambiante.

Brocoli aux jalapeños

5 ml	sel	1 c. à thé
1	brocoli, paré et partagé en tiges	1
15 ml	vinaigre balsamique	1 c. à table
25 à 45 ml	huile d'olive	2 à 3 c. à table
2	piments jalapeños frais, tranchés finement (avec ou sans les graines, selon le degré de piquant souhaité)	2
50 ml	pignons rôtis	1/4 tasse
	quelques brins de coriandre ou de persil frais haché	

1. Porter le contenu d'une casserole remplie d'eau à ébullition et saler. Y plonger les tiges de brocoli et cuire à feu vif de 3 à 5 minutes (selon le degré de tendreté souhaité). Laisser égoutter et immerger le brocoli 30 secondes dans un bol rempli d'eau glacée. Laisser égoutter et disposer les tiges de manière décorative dans une assiette de présentation. Arroser uniformément de vinaigre balsamique.

2. Chauffer l'huile d'olive dans une petite poêle à feu moyen pendant 30 secondes. Ajouter les jalapeños tranchés (avec les graines si on le désire) et faire sauter pendant 2 à 3 minutes jusqu'à ce qu'ils aient ramolli. Sortir les piments et les graines de la poêle et les répartir uniformément sur le brocoli. Garnir de pignons et d'aromates.

Carottes au carvi

VOIR PHOTO, PAGE 97

750 ml	carottes tranchées selon la diagonale	3 tasses
5 ml	fécule de maïs	1 c. à thé
15 ml	eau froide	1 c. à table
25 ml	beurre	2 c. à table
15 ml	graines de carvi	1 c. à table
5 ml	gingembre émincé (facultatif)	1 c. à thé
15 ml	miel, sirop d'érable ou cassonade	1 c. à table
15 ml	jus de citron	1 c. à table
2	oignons verts hachés finement	2

Donne de 4 à 5 portions

Préparation sans prétention destinée à relever le goût discret de la carotte dont la valeur nutritive est élevée. On suggère de mettre un peu de piquant par l'ajout de gingembre. Le beurre peut être remplacé par de l'huile végétale, mais évidemment le beurre est plus riche. Si les calories vous préoccupent, diviser la quantité par deux.

1. Recouvrir d'eau froide les tranches de carotte dans une casserole. Porter à ébullition; laisser cuire de 2 à 4 minutes, selon le degré de tendreté souhaité. Laisser égoutter les carottes, en réservant l'eau de cuisson.

2. Dans un petit bol, délayer la fécule de maïs dans 15 ml (1 c. à table) d'eau.

3. Dans une casserole profonde, chauffer le beurre à feu moyen jusqu'à ce qu'il bouillonne, soit de 1 à 2 minutes. Ajouter les graines de carvi et faire sauter de 1 à 2 minutes jusqu'à ce que les graines commencent à éclater. Verser 125 ml (1/2 tasse) de l'eau de cuisson réservée, le gingembre (si on en utilise) et le miel; cuire en remuant de temps en temps jusqu'à ce que le liquide soit sur le point de bouillir, soit de 2 à 3 minutes. Incorporer la fécule de maïs dans la sauce; réduire le feu et poursuivre la cuisson de 2 à 3 minutes jusqu'à ce que la sauce ait la consistance d'un sirop léger.

4. Incorporer les carottes dans la sauce et laisser cuire de 2 à 3 minutes pour bien réchauffer. Retirer du feu et verser le jus de citron. Mettre dans un plat de service et garnir d'oignons verts. Servir sans tarder.

Donne 4 portions

Audacieuse, croquante et colorée, cette recette doit son attrait aux gros morceaux de légumes qui la composent et à son aromatisation simple, qui permet au goût de réglisse du fenouil de percer. On peut le déguster bien chaud au sortir de la poêle ou à température ambiante lors d'un buffet.

Champignons sautés au fenouil

VOIR PHOTO, PAGE 97

1	bulbe de fenouil d'environ 500 g (1 lb)	1
45 ml	huile d'olive	3 c. à table
1 ml	sel	1/4 c. à thé
1 ml	poivre	1/4 c. à thé
125 ml	oignons rouges hachés grossièrement	1/2 tasse
1/2	poivron rouge haché grossièrement	1/2
625 ml	champignons parés et coupés en deux	2 1/2 tasses
15 ml	jus de citron	1 c. à table

1. Ôter et jeter les tiges du fenouil (elles sont ligneuses et non comestibles). Couper le bulbe en deux puis jeter les triangles et le cœur, qui est dur. Couper le reste du fenouil en gros morceaux. Réserver.

2. Chauffer l'huile d'olive dans une grande poêle à feu vif pendant 30 secondes. Ajouter le sel, le poivre, les oignons et le poivron rouge. Faire sauter 1 minute. Ajouter le fenouil et faire sauter 3 à 4 minutes, jusqu'à ce que les légumes soient légèrement noircis. Ajouter les champignons et faire sauter énergiquement (la poêle devrait être pleine à ce stade-ci) pendant 3 minutes, jusqu'à ce que les champignons soient légèrement dorés et mous. Retirer du feu et incorporer le jus de citron. Servir dans une assiette.

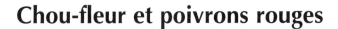

Chou-fleur et poivrons rouges

1	chou-fleur, bouquet seulement	1
2	poivrons rouges rôtis, pelés et coupés en larges lanières	2
1 ml	sel	1/4 c. à thé
1 ml	poivre noir	1/4 c. à thé
25 ml	jus de citron	2 c. à table
15 ml	moutarde de Dijon	1 c. à table
5 ml	huile végétale	1 c. à thé
5 ml	graines de moutarde noire	1 c. à thé
2 ml	curcuma	1/2 c. à thé
2 ml	graines de coriandre	1/2 c. à thé
2	gousses d'ail	2
25 ml	huile d'olive	2 c. à table

Donne 6 portions

Combinaison colorée et à l'arôme remarquable, cette salade se fera un plaisir de vous suivre au pique-nique l'été, tout comme elle vous aidera à animer un souper intime d'hiver. C'est un des plats préférés de Margaret Dragu avec qui j'ai partagé tant de repas heureux.

1. Blanchir le chou-fleur à l'eau bouillante dans une grande casserole pendant 5 à 6 minutes, jusqu'à ce qu'il soit juste à point. Laisser égoutter, rafraîchir sous l'eau froide, laisser égoutter de nouveau et mettre dans un bol. Ajouter les poivrons rouges au chou-fleur. Saler, poivrer et retourner.

2. Dans un petit bol, mélanger au fouet le jus de citron et la moutarde de Dijon. Réserver.

3. Chauffer l'huile végétale dans une petite poêle à feu moyen pendant 1 minute. Ajouter les graines de moutarde et de coriandre ainsi que le curcuma ; faire sauter de 2 à 3 minutes jusqu'à ce que les graines commencent à éclater. Récupérer en grattant à la spatule de caoutchouc les épices qui adhéreraient au fond de la poêle et les mettre dans le mélange citron-moutarde. Presser l'ail et l'ajouter au mélange. Verser l'huile d'olive et battre au fouet jusqu'à émulsion.

4. Verser cette vinaigrette sur le chou-fleur et le poivron rouge. Bien mélanger en retournant délicatement pour bien enrober tous les morceaux. Mettre dans un bol de service, et disposer les rubans de poivron rouge pour mettre en valeur le jaune du chou-fleur. Cette salade gagne à reposer 1 heure ou 2 à température ambiante.

Okras vapeur

Donne 4 portions

Aliment courant dans le sud des États-Unis, l'okra est l'ingrédient magique qui peut servir à épaissir les sauces ou, lorsqu'il est pané ou frit, il peut être utilisé comme amuse-gueule croustillant. Cette recette d'okra fait ressortir le goût aigre-doux du fruit et a été inventée par mon collègue Algis Kemezys.

2	tomates de taille moyenne	2
500 g	okras	1 lb
25 ml	beurre	2 c. à table
15 ml	huile d'olive	1 c. à table
2 ml	flocons de chili	1/2 c. à thé
4	gousses d'ail	4
2 ml	poivre noir	1/2 c. à thé
250 ml	eau	1 tasse
15 ml	jus de lime	1 c. à table
2 ml	sel	1/2 c. à thé

quelques brins de coriandre fraîche hachée

1. Blanchir les tomates à l'eau bouillante pendant 30 secondes. Les peler, les étrogner et les épépiner au-dessus d'un bol. En hacher la chair grossièrement et réserver. Récupérer et passer tout le jus qui aurait pu s'accumuler dans le bol et l'ajouter aux tomates hachées.

2. À l'aide d'un couteau tranchant, enlever 0,5 cm (1/4 po) au niveau de la tige des okras. Pratiquer une entaille verticale de 2 cm (1 po) de long dans la chair des okras, en prenant soin de ne pas les trancher complètement.

3. Chauffer le beurre dans une grande poêle à feu vif jusqu'à ce qu'il grésille. Ajouter les flocons de chili et faire sauter pendant 30 secondes. Ajouter les okras et faire frire, en retournant énergiquement jusqu'à ce qu'ils soient noircis des deux côtés, soit pendant environ 5 minutes. Ajouter l'ail et le poivre noir ; faire sauter pendant un peu moins de 1 minute jusqu'à ce que l'ail commence à frire (en évitant de le laisser brûler).

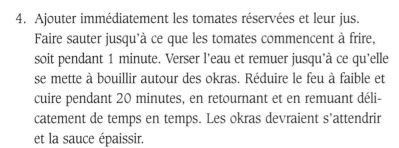

4. Ajouter immédiatement les tomates réservées et leur jus. Faire sauter jusqu'à ce que les tomates commencent à frire, soit pendant 1 minute. Verser l'eau et remuer jusqu'à ce qu'elle se mette à bouillir autour des okras. Réduire le feu à faible et cuire pendant 20 minutes, en retournant et en remuant délicatement de temps en temps. Les okras devraient s'attendrir et la sauce épaissir.

5. Arroser de jus de lime et saler. Retourner délicatement et agiter pendant moins de 1 minute, puis retirer du feu. Mettre dans un plat de service et garnir de coriandre hachée. Cet okra peut être servi immédiatement mais est encore meilleur après 30 minutes.

Aubergine grillée et fromage de chèvre

VOIR PHOTO, PAGE 64

Préchauffer l'élément de grillage du four ou allumer le barbecue

Plaque à biscuits

Donne 4 portions

Ce plat magnifique, quoique un peu riche, est vite préparé. On peut l'exécuter en deux étapes. Il vous vaudra à coup sûr des compliments.

À la saison des grillades en plein air, il est préférable de passer les tranches d'aubergine sur le barbecue plutôt que sous l'élément de grillage du four (étape n° 2). Grillez-les de 4 à 5 minutes d'un côté, retournez-les et grillez-les encore 3 minutes de l'autre côté. Vous aurez quand même besoin du four pour faire gratiner le tout.

1	aubergine d'environ 500 g (1 lb)	1
5 ml	sel	1 c. à thé
25 ml	huile d'olive	2 c. à table
125 g	fromage de chèvre mou	4 oz
15 ml	huile d'olive	1 c. à table
15 ml	vinaigre balsamique	1 c. à table
5 ml	câpres égouttées	1 c. à thé
	poivre noir au goût	
	quelques brins de basilic ou de persil frais haché	

1. Éliminer 1 cm (1/2 po) de l'aubergine. Faire 12 tranches bien rondes, épaisses d'environ 0,5 cm (1/4 po). Saler les tranches des deux côtés et laisser reposer 10 minutes.

2. Rincer les tranches et les assécher à l'essuie-tout. En badigeonner chaque côté d'huile d'olive. Les disposer sur une plaque à biscuits et les faire griller de 6 à 7 minutes du premier côté d'abord, jusqu'à ce qu'elles soient tendres. Les retourner puis faire griller l'autre côté 2 à 3 minutes.

3. Retirer l'aubergine de sous l'élément de grillage du four. Disposer les tranches sur la plaque en 4 groupes de 3. Diviser le fromage en 4 portions égales et façonner en forme de boulette ; mettre une boulette au centre de chaque groupe de tranches d'aubergine. Arroser chaque groupe uniformément d'huile d'olive.

4. Remettre les aubergines au four et faire griller sous l'élément jusqu'à ce que le formage fonde et qu'il ait commencé à dorer quelque peu, ce qui devrait prendre de 2 à 3 minutes.

5. À l'aide d'une spatule, soulever prudemment chaque groupe et le déposer dans une assiette. Arroser de vinaigre, y déposer les câpres, poivrer et garnir d'aromates frais. Servir sans attendre.

Courgettes estivales

Voir photo en page couverture

4	petites courgettes, de préférence 2 vertes et 2 jaunes, de moins de 15 cm (6 po) de long	4
45 ml	huile d'olive	3 c. à table
1 ml	sel	1/4 c. à thé
1 ml	poivre	1/4 c. à thé
1	poivron rouge coupé en larges lanières	1
3	oignons verts hachés	3
15 ml	jus de citron	1 c. à table
	quelques brins de basilic ou de persil frais haché	

Donne 4 portions

C'est la recette idéale pour passer les énormes quantités de courgettes juteuses que nous apportent la belle saison et nos amis jardiniers. J'utilise pour ce plat de jeunes courgettes vertes et jaunes qui, avec le poivron rouge, donnent un supplément de couleur.

1. Ôter les extrémités des courgettes et couper ces dernières en tronçons de 1,5 cm (3/4 po). Réserver.

2. Chauffer l'huile d'olive dans une grande poêle à feu vif pendant 30 secondes. Saler, poivrer et remuer. Ajouter les morceaux de courgette et les rubans de poivron. Faire sauter jusqu'à ce que la courgette ait doré des deux côtés et que le poivron rouge ait ramolli, soit de 4 à 6 minutes. Ajouter les poivrons verts et faire sauter 30 secondes. Mettre dans un plat de service et arroser uniformément de jus de citron. Garnir de basilic, de persil ou des deux, puis servir sans attendre.

Donne 2 portions comme plat principal ou 4 portions en entrée

Le photographe Algis Kemezys, mon collègue de longue date et second de cuisine, est l'auteur de ce plat simple mais honnête qu'il sert comme plat principal végétarien Chez Byron, *notre restaurant montréalais. Il se sert aussi bien seul, comme entrée estivale ou comme accompagnement avec n'importe quel plat de résistance.*

Courgettes à la façon d'Algis

1	tomate	1
50 ml	huile d'olive	1/4 tasse
1 ml	sel	1/4 c. à thé
1 ml	poivre noir	1/4 c. à thé
750 ml	courgettes tranchées selon la diagonale	3 tasses
1	oignon tranché	1
425 ml	champignons en tranches épaisses	1 3/4 tasse
2 à 3	gousses d'ail tranchées finement	2 à 3
25 ml	vin blanc ou eau	2 c. à table
	quelques brins de basilic ou d'aneth frais haché	

1. Blanchir les tomates à l'eau bouillante pendant 30 secondes. Les peler, les étrogner et les épépiner au-dessus d'un bol. En hacher la chair grossièrement et réserver. Récupérer et passer tout le jus qui aurait pu s'accumuler dans le bol et l'ajouter aux tomates hachées.

2. Chauffer l'huile d'olive dans une grande poêle à feu vif pendant 30 secondes. Saler, poivrer et remuer. Ajouter les courgettes et l'oignon. Faire sauter jusqu'à ce que la courgette commence à noircir, soit de 3 à 4 minutes.

3. Ajouter les champignons et continuer de faire sauter (délicatement, pour ne pas abîmer les courgettes) pendant 2 à 3 minutes. Ajouter l'ail et faire sauter pendant 1 minute. Ajouter les tomates réservées et leur jus, puis faire sauter encore 2 à 3 minutes jusqu'à la formation d'une sauce.

4. Retirer du feu et incorporer le vin. On devrait obtenir une sauce légère mais succulente. Mettre dans un plat de service et garnir de basilic, d'aneth ou des deux. Servir sans tarder.

Haricots verts et noix d'acajou

Voir photo, page 160

500 g	haricots verts parés	1 lb
25 ml	huile d'olive	2 c. à table
125 ml	oignons rouges tranchés	1/2 tasse
75 ml	noix d'acajou crues	1/3 tasse
1 ml	sel	1/4 c. à thé
1 ml	poivre noir	1/4 c. à thé
	quelques brins de persil frais haché	

Donne 4 portions

Le simple fait d'ajouter des noix d'acajou et des oignons rouges à ce plat transforme ces banals haricots verts en un accompagnement digne de tout repas gastronomique.

1. Blanchir les haricots verts dans une casserole d'eau bouillante pendant 5 minutes. Laisser égoutter et rafraîchir immédiatement dans un bol d'eau glacée. Laisser égoutter et réserver.

2. Chauffer l'huile d'olive dans une grande poêle à feu mi-élevé pendant 30 secondes. Ajouter les oignons, les noix d'acajou, le sel et le poivre, puis faire sauter 2 à 3 minutes jusqu'à ce que les oignons aient ramolli. Ajouter les haricots cuits, porter le feu à vif, et faire sauter énergiquement de 2 à 3 minutes, jusqu'à ce que les haricots soient très chauds au toucher. Prendre soin de ne pas brûler les noix pendant l'opération. Mettre dans un plat de service et garnir de persil haché. Servir sans tarder.

Haricots verts et tomates

15 ml	pâte de tomate	1 c. à table
250 ml	eau chaude	1 tasse
50 ml	huile d'olive	1/4 tasse
1 ml	sel	1/4 c. à thé
1 ml	poivre noir	1/4 c. à thé
2	oignons de taille moyenne, tranchés	2
1	piment banane doux ou fort	1
4	gousses d'ail	4
2	tomates de taille moyenne, coupées en gros quartiers	2
5 ml	sucre	1 c. à thé
	quelques brins de persil frais, haché grossièrement	
500 g	haricots verts parés	1 lb

Donne de 4 à 6 portions

Ces haricots verts cuits à petit feu appartiennent au groupe de légumes noyés dans l'huile et trop cuits que les Grecs appellent lathera *(littéralement «cuit dans l'huile»). Compte tenu de la préférence moderne pour les légumes ultra-croquants, servis avec peu de sauce, ils peuvent paraître lourdement rétro. Mais ils ont leurs qualités. Moelleux et onctueux étaient les haricots de la cuisine grecque de ma mère; j'ai mis bien du temps à apprécier les autres façons de les préparer.*

On peut préparer ces haricots 2 heures à l'avance, puis les laisser reposer à couvert et à température ambiante.

1. Dans un petit bol, délayer la pâte de tomate dans l'eau. Réserver.

2. Chauffer l'huile dans une grande poêle à fond épais à feu vif pendant 1 minute. Ajouter le sel, le poivre et les oignons. Faire sauter pendant 2 minutes jusqu'à ce que les oignons aient ramolli. Ajouter le piment banane et faire sauter 1 minute. Ajouter l'ail et faire sauter 30 secondes.

3. Ajouter les quartiers de tomate (la peau et les graines peuvent s'employer dans ce plat) et faire sauter de 1 à 2 minutes jusqu'à ce qu'elles aient ramolli. Ajouter la pâte de tomate dissoute, le sucre et la majeure partie du persil (en garder pour la garniture finale). Faire sauter pendant 1 à 2 minutes jusqu'à ce que le contenu de la poêle bouillonne. Ajouter les haricots verts et remuer, en enfonçant les haricots dans la sauce quand ils remontent en surface, pendant environ 30 secondes. Réduire le feu à mi-faible et laisser mijoter à découvert pendant 30 à 40 minutes, en remuant de temps en temps, jusqu'à ce que les haricots aient perdu 90 % de leur croquant.

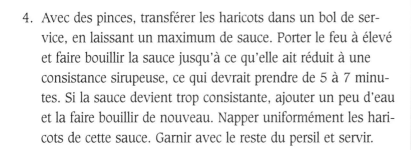

4. Avec des pinces, transférer les haricots dans un bol de service, en laissant un maximum de sauce. Porter le feu à élevé et faire bouillir la sauce jusqu'à ce qu'elle ait réduit à une consistance sirupeuse, ce qui devrait prendre de 5 à 7 minutes. Si la sauce devient trop consistante, ajouter un peu d'eau et la faire bouillir de nouveau. Napper uniformément les haricots de cette sauce. Garnir avec le reste du persil et servir.

Pommes de terre aux fines herbes

500 g	pommes de terre nouvelles (environ 3), non pelées mais bien nettoyées	1 lb
50 ml	huile d'olive	1/4 tasse
1 ml	sel	1/4 c. à thé
1 ml	poivre noir	1/4 c. à thé
15 ml	zeste de citron	1 c. à table
4	gousses d'ail hachées finement	4
	quelques brins de persil ou de romarin haché	
25 ml	jus de citron	2 c. à table

Donne 4 portions

Quand le palais exige le goût merveilleux des pommes de terre frites mais que la raison crie «non», savourez ces pommes de terres sautées faites à partir de pommes de terre partiellement bouillies. Elles se contentent d'une quantité minimale d'huile et promettent une saveur exquise.

1. Faire bouillir les pommes de terre dans une grande casserole à feu vif jusqu'à ce qu'elles commencent à céder facilement sous les dents de la fourchette, soit pendant 5 à 7 minutes. Laisser égoutter et rafraîchir à plusieurs reprises sous l'eau froide. Couper les pommes de terre en rondelles de 1 cm (1/2 po).

2. Chauffer l'huile dans une grande poêle à feu vif pendant 30 secondes. Ajouter le sel et le poivre, et remuer. Ajouter les pommes de terre en une couche unique et faire frire pendant 2 à 3 minutes; réduire le feu à mi-élevé, retourner les rondelles et frire de 2 à 3 minutes, puis faire dorer encore 2 à 3 minutes. Certaines parties de la pelure se seront détachées et seront devenues croustillantes à la cuisson; les y laisser, elles contribuent au charme du plat.

3. Ajouter le zeste de citron et la majeure partie des herbes hachées, en en réservant un peu pour la garniture finale. Faire sauter 1 à 2 minutes. Verser le jus de citron et faire sauter jusqu'à ce que cesse le grésillement et que l'acidité du citron ait réduit, soit encore 1 à 2 minutes. Goûter. Mettre les pommes de terre dans un bol de service et garnir immédiatement du reste d'herbes. Servir sans attendre.

Avgolemono aux pommes de terre et aux poireaux

500 g	poireaux (environ 4 de tailles moyenne)	1 lb
50 ml	huile d'olive	1/4 tasse
1 ml	sel	1/4 c. à thé
1 ml	poivre noir	1/4 c. à thé
500 ml	pommes de terre en cubes	2 tasses
175 ml	carottes tranchées	3/4 tasse
250 ml	eau	1 tasse
1	œuf entier	1
25 ml	jus de citron	2 c. à table

Donne 4 portions

Ce plat met en vedette des poireaux, des pommes de terre et des carottes braisées lentement, nageant dans une sauce simple mais délicieuse. Il nous ramène à une époque de plaisirs rustiques où on prenait son temps à table. Attention ! La sauce est tellement alléchante que vous vous surprendrez à y tremper votre pain, au mépris des convenances et des bonnes manières.

1. Pratiquer une entaille verticale de 7 cm (3 po) dans la partie centrale du poireau. En passant par cette entaille, enlever en rinçant le sable logé dans les couches centrales. Ôter ensuite l'extrémité portant les racines. Trancher le reste du poireau en tronçons de 4 cm (1 1/2 po). Réserver.

2. Chauffer l'huile dans une grande poêle à feu vif pendant 1 minute. Ajouter le sel et le poivre, puis remuer. Ajouter les poireaux, les pommes de terre et les carottes. Faire sauter délicatement jusqu'à ce que les ingrédients soient enrobés d'huile, soit pendant 2 à 3 minutes. Verser l'eau et mélanger en remuant délicatement. Laisser parvenir à ébullition puis réduire le feu à faible, couvrir et braiser jusqu'à ce que tous les légumes cèdent facilement sous la fourchette, soit de 20 à 25 minutes.

3. Transférer les légumes cuits dans un plat de service, en laissant dans la poêle un maximum de liquide. Porter le feu à élevé et faire bouillir le liquide 1 ou 2 minutes jusqu'à ce qu'il ait réduit d'environ 30 %.

4. Dans un bol, mélanger au fouet l'œuf entier et le jus de citron. Verser 15 ml (1 c. à table) du liquide chaud et incorporer à l'œuf en battant vigoureusement. Répéter 3 ou 4 fois, en incorporant des quantités de 15 ml (1 c. à table) à la fois, puis le reste du liquide en un filet constant, toujours en battant au fouet. Napper les légumes uniformément de cette sauce et servir dans les 30 minutes.

Ragoût de haricots romains

2	tomates de taille moyenne	2
50 ml	huile d'olive	1/4 tasse
2 ml	sel	1/2 c. à thé
5 ml	graines de cumin	1 c. à thé
2	oignons tranchés	2
1	jalapeño frais, coupé en dés, avec ou sans les graines, selon le degré de piquant souhaité	1
125 ml	eau	1/2 tasse
15 ml	raisins secs	1 c. à table
500 ml	haricots romains cuits	2 tasses
15 ml	huile d'olive	1 c. à table
125 ml	amandes effilées	1/2 tasse

Donne de 4 à 6 portions

Les amateurs de mets relevés adoreront cette combinaison de sauce épicée, de haricots romains dodus et tendres, et d'amandes grillées. Le ragoût est à son meilleur servi avec d'autres mets épicés, mais il est merveilleux aussi pour donner de la vie à de simples repas de riz ou de légumes nature.
Vous pouvez cuire les haricots vous-même ou prendre des haricots en conserve. Une boîte de 540 ml (19 oz) de haricots romains, rincés et égouttés, donnera exactement les 500 ml (2 tasses) exigées par la recette.

1. Blanchir les tomates à l'eau bouillante pendant 30 secondes. Les peler, les étrogner et les épépiner au-dessus d'un bol. En hacher la chair grossièrement et réserver. Récupérer et passer tout le jus qui aurait pu s'accumuler dans le bol et l'ajouter aux tomates hachées.

2. Chauffer l'huile d'olive dans une poêle profonde à feu vif pendant 1 minute. Ajouter le sel et les graines de cumin, et faire sauter pendant 1 minute. Ajouter les oignons et faire sauter pendant 2 minutes jusqu'à ce qu'ils aient ramolli. Ajouter le jalapeño (et les graines si on le désire). Faire sauter pendant 1 à 2 minutes, jusqu'à ce que les ingrédients soient bien enrobés et commencent à noircir.

3. Ajouter les tomates réservées et leur jus. Faire sauter pendant 2 à 3 minutes jusqu'à ce que les tomates se désagrègent. Verser l'eau et porter de nouveau à ébullition. Incorporer les raisins secs puis les haricots. Réduire le feu à mi-faible et laisser mijoter pendant 5 minutes, en remuant de temps en temps pour empêcher de brûler. Mettre dans un bol de service.

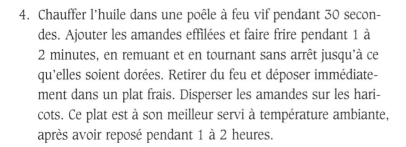

4. Chauffer l'huile dans une poêle à feu vif pendant 30 secondes. Ajouter les amandes effilées et faire frire pendant 1 à 2 minutes, en remuant et en tournant sans arrêt jusqu'à ce qu'elles soient dorées. Retirer du feu et déposer immédiatement dans un plat frais. Disperser les amandes sur les haricots. Ce plat est à son meilleur servi à température ambiante, après avoir reposé pendant 1 à 2 heures.

Yahni
(Haricots et oignons à la grecque)

Donne 6 portions

Le flirt entre les haricots et les oignons n'est pas un secret en cuisine, mais cette recette traditionnelle pousse cette relation à ses limites. Mélange de quantités à peu près équivalentes d'oignons et de haricots, ce plat est relevé encore davantage par une garniture d'oignons crus ajoutés à la fin. Il en résulte un plat des plus aromatiques qu'on peut servir en accompagnement de tout plat principal d'inspiration méditerranéenne.

Si vous prenez des haricots en conserve, sachez qu'une boîte de 540 ml (19 oz) de haricots rincés et égouttés donnera les 2 tasses exigées par la recette.

2	tomates de taille moyenne	2
50 ml	huile d'olive	1/4 tasse
1 ml	sel	1/4 c. à thé
1 ml	poivre noir	1/4 c. à thé
500 ml	oignons tranchés finement	2 tasses
1	branche de céleri coupée en petits dés	1
4	gousses d'ail tranchées finement	4
250 ml	eau	1 tasse
50 ml	persil frais haché, bien tassé	1/4 tasse
15 ml	vinaigre de vin rouge	1 c. à table
5 ml	sucre	1 c. à thé
500 ml	haricots blancs cuits	2 tasses
	huile d'olive extra-vierge, au goût	
50 ml	oignons rouges coupés en petits dés	1/4 tasse

1. Blanchir les tomates à l'eau bouillante pendant 30 secondes. Les peler, les étrogner et les épépiner au-dessus d'un bol. En hacher la chair grossièrement et réserver. Récupérer et passer tout le jus qui aurait pu s'accumuler dans le bol et l'ajouter aux tomates hachées.

2. Chauffer l'huile dans une grande poêle à feu vif pendant 30 secondes. Ajouter le sel et le poivre, puis remuer. Ajouter les oignons et le céleri puis faire sauter pendant 5 minutes jusqu'à ce que ces légumes ait ramolli. Ajouter l'ail et faire sauter 1 minute, jusqu'à ce qu'il soit enrobé d'huile et que tous les ingrédients soient luisants.

3. Ajouter les tomates et leur jus. Faire sauter 2 minutes, en mélangeant bien. Ajouter l'eau, le persil, le vinaigre et le sucre ; porter de nouveau à ébullition. Réduire le feu à mi-faible puis cuire de 5 à 6 minutes. Remuer de temps en temps, en prenant soin de broyer les tomates, jusqu'à ce que la sauce soit rosée.

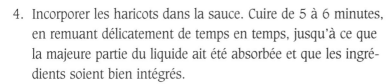

4. Incorporer les haricots dans la sauce. Cuire de 5 à 6 minutes, en remuant délicatement de temps en temps, jusqu'à ce que la majeure partie du liquide ait été absorbée et que les ingrédients soient bien intégrés.

5. Mettre dans un plat de service. Arroser d'huile d'olive extra-vierge et garnir d'oignons rouges. Laisser reposer 1 à 2 heures à couvert et à température ambiante pour laisser les saveurs s'épanouir. Servir à température ambiante.

Donne de 4 à 6 portions

Ces champignons vite préparés sont sains comme plat d'accompagnement et peuvent donner une entrée honnête. La clé du succès ici est de saisir les champignons à température très élevée pour en emprisonner les sucs, sans toutefois les brûler. Si l'on sait s'y prendre, ils seront succulents même froids et pourront donc être dégustés à l'occasion d'un buffet.

On peut servir les champignons immédiatement (ils sont alors à leur meilleur) ou les laisser reposer 2 heures à couvert et à température ambiante.

Champignons à la provençale

50 ml	huile d'olive	1/4 tasse
1 ml	poivre noir	1/4 c. à thé
500 g	champignons parés	1 lb
4	gousses d'ail hachées finement	4
25 ml	jus de citron	2 c. à table
	sel au goût	
	quelques brins de persil frais haché	

1. Chauffer l'huile d'olive dans une grande poêle à feu vif pendant 1 minute. Ajouter le poivre noir et les champignons. Faire sauter 2 à 3 minutes, en retournant les champignons fréquemment pour les saisir de toute part, en prenant soin de ne pas les brûler.

2. Ajouter l'ail et faire sauter 1 minute. Retirer du feu; incorporer le jus de citron et saler au goût. Mettre les champignons et la sauce dans un plat de service et garnir de persil haché.

Lentilles et riz aux épinards

50 ml	huile d'olive	1/4 tasse
1 ml	sel	1/4 c. à thé
1 ml	poivre noir	1/4 c. à thé
500 ml	oignons coupés en dés	2 tasses
1	tomate de taille moyenne coupée en cubes	1
1 l	épinards frais hachés, bien tassés	4 tasses
375 ml	riz cuit, obtenus à partir de 125 ml (1/2 tasse) de riz sec	1 1/2 tasse
500 ml	lentilles cuites	2 tasses
1	citron coupé en quartiers	1

Donne de 4 à 6 portions

Voici une variation sur le thème du spanakorizo (épinards-riz), un plat rustique populaire dans le Levant, où les épinards sont un des légumes qui poussent même en hiver. L'idée des lentilles est de mon cru, mais elles sont en harmonie avec les traditions culinaires de la région. Elles permettent également à ce mets d'accéder au statut de plat de résistance.

On peut servir les lentilles et riz aux épinards immédiatement, ou les laisser reposer 2 heures à couvert et à température ambiante.

1. Chauffer l'huile dans une casserole ou une poêle à feu vif pendant 30 secondes. Saler et poivrer ; remuer pendant 30 secondes. Ajouter les oignons et faire sauter jusqu'à ce qu'ils aient ramolli, soit pendant 2 minutes. Ajouter les tomates en cubes et faire sauter 1 minute.

2. Ajouter d'un coup les épinards ; les cuire en remuant plusieurs fois jusqu'à ce qu'ils aient réduit au tiers de leur volume, ce qui devrait prendre 1 minute.

3. Réduire le feu à mi-faible et ajouter riz et lentilles. Cuire en remuant jusqu'à ce que le tout soit bien chaud et bien intégré, ce qui devrait prendre 3 ou 4 minutes. Retirer du feu, couvrir et laisser reposer 5 à 6 minutes pour laisser aux saveurs le temps de s'épanouir. Servir accompagné de quartiers de citron.

LES DESSERTS

ANANAS FRIT (PAGE 172)

Ricotta au four
à la manière de Meenakshi

Préchauffer le four à 160 °C (325 °F)

*Plat allant au four de 20 cm (8 po) graissé généreusement
de shortening végétal*

Donne 16 carrés

*Meenakshi, chef et célèbre
habitant de Taos, au Nouveau-
Mexique, est l'auteur de ce
dessert au charme simple, servi
en finale des repas indiens.
Il a la saveur et la texture des
friandises indiennes authenti-
ques comme le* rasmalai, *mais
contient deux fois moins de
sucre et de matières grasses.*

500 ml	ricotta	2 tasses
175 ml	sucre à glacer	3/4 tasse
15 ml	cardamome moulue	1 c. à table
50 ml	crème à 35 %	1/4 tasse
50 ml	pistaches écalées, débarrassées de leur peau	1/4 tasse

1. Mettre la ricotta dans un bol et y tamiser le sucre à glacer. Saupoudrer uniformément de cardamome. À l'aide d'une cuillère de bois, battre les ingrédients jusqu'à homogénéité. Mettre la préparation dans le plat allant au four et lisser la surface.

2. Cuire au four jusqu'à ce que le mélange soit légèrement doré, qu'il ait perdu la moitié de son poids et qu'il soit ferme au toucher, soit pendant 1 heure. Retirer du four et laisser reposer 30 à 60 minutes.

3. Découper la ricotta en carrés de 5 cm (2 po) de côté. Soulever prudemment les morceaux et les disposer dans une assiette à dessert. Garnir chaque carré d'un peu de crème riche. Broyer la moitié des pistaches et disperser sur les carrés. Décorer les carrés avec le reste des pistaches. Servir sans tarder.

Tarte à la ricotta à la manière de Wrenn

Préchauffer le four à 180 °C (350 °F)

Plat allant au four de 30 cm (12 po) de diamètre graissé de beurre

250 ml	biscuits graham émiettés	1 tasse
50 ml	beurre non salé fondu	1/4 tasse
15 ml	sucre	1 c. à table
500 ml	ricotta	2 tasses
50 ml	sucre	1/4 tasse
175 ml	amandes effilées grillées	3/4 tasse
125 ml	brisures de chocolat amer	1/2 tasse
15 ml	amaretto	1 c. à table
125 ml	crème à fouetter (35 %)	1/2 tasse

Donne de 8 à 12 portions

Cuisiner pendant des semaines pour une équipe de tournage cinématographique pris en un lieu exotique (régions sauvages de Terre-Neuve) signifie devoir trouver un nouveau dessert tous les jours. Et quand survient une panne d'inspiration, comme cela m'est arrivé, ce n'est pas drôle. Un appel d'urgence à Wrenn Goodrum à New York est à l'origine de ce gâteau au fromage adorable, qui rappelle le cannoli italien, sans tous les ennuis. Il ne convient peut-être pas aux régimes amaigrissants, mais un vrai dessert le fait-il ?

Pour une texture plus onctueuse, prenez une variété de ricotta crémeuse.

1. Mélanger dans un bol les biscuits graham en miettes, le beurre et le sucre ; pétrir jusqu'à l'obtention d'une préparation farineuse et pâteuse. Déposer le tout dans le plat allant au four et enfoncer en pressant de façon à recouvrir le fond. Cuire au four jusqu'à ce que la croûte soit légèrement dorée, soit pendant 10 à 12 minutes. Retirer du four et laisser refroidir complètement.

2. Pendant ce temps, bien mélanger à la cuillère la ricotta et le sucre dans un autre bol.

3. Moudre la moitié des amandes au robot culinaire (on réserve le reste) jusqu'à l'obtention d'une farine grossière. Ajouter les amandes moulues à la ricotta et mélanger à la cuillère. Ajouter les brisures de chocolat et l'amaretto. Bien battre, jusqu'à ce que la préparation soit lisse.

4. Mettre la crème à fouetter dans un bol froid et la fouetter jusqu'à ce qu'elle prenne en mousse ; ajouter la crème fouettée à la ricotta, en retournant délicatement mais à fond.

5. Déposer cette préparation sur la croûte de biscuits. Garnir avec les amandes effilées, recouvrir d'une pellicule de plastique et laisser au moins 2 heures au réfrigérateur jusqu'à ce que le fromage ait durci. Servir froid.

Strudel aux pommes

Préchauffer le four à 180 °C (350 °F)

Plaque à biscuits légèrement graissée de beurre

Donne 6 portions

La pâte phyllo donne de si bon résultats avec les strudels qu'on croirait qu'elle a été créée pour cela. J'ai enrichi cette recette de base de pacanes, qui confèrent une saveur ensoleillée particulièrement appréciée quand ce dessert est servi en hiver.

Vous pouvez garder les restes à couvert à température ambiante. Réchauffez-les un peu avant de les servir.

Vous pouvez utiliser n'importe quelle variété de pommes. Pour éviter qu'elles ne « rouillent », mettez immédiatement les pommes dans les jus de citron et d'orange, dès qu'elles sont tranchées.

50 ml	jus d'orange	1/4 tasse
15 ml	jus de citron	1 c. à table
500 g	pommes (environ 4), pelées, étrognées et coupées en fines tranches	1 lb
25 ml	fécule de maïs	2 c. à table
250 ml	pacanes grillées	1 tasse
75 ml	raisins secs	1/3 tasse
45 ml	cassonade	3 c. à table
5 ml	cannelle moulue	1 c. à thé
2 ml	muscade moulue	1/2 c. à thé
2 ml	clou de girofle moulu	1/2 c. à thé
12	feuilles de pâte phyllo	12
125 ml	beurre non salé fondu	1/2 tasse

1. Mélanger dans un bol les jus d'orange et de citron. Ajouter les tranches de pomme et les retourner dans le jus. Saupoudrer de fécule de maïs et bien mélanger. Ajouter les pacanes, les raisins, le sucre, la cannelle, la muscade et le clou de girofle ; bien mélanger mais délicatement.

2. Étendre une feuille de pâte phyllo sur une surface sèche et la badigeonner de beurre fondu. Recouvrir d'une autre feuille de pâte phyllo et la badigeonner de beurre. Déposer 1/6 des pommes, soit environ 175 ml (3/4 tasse) au centre supérieur des feuilles de pâte beurrées. Rabattre le pan supérieur sur la garniture et rabattre les deux côtés verticaux vers l'intérieur, comme si on faisait une enveloppe. Abaisser la partie farcie pour créer un strudel rectangulaire dodu mesurant 10 cm sur 5 cm (4 po sur 2 po). Mettre la création sur une plaque à biscuits et confectionner de la sorte 5 autres strudels. Badigeonner le dessus et les côtés des strudels de beurre fondu.

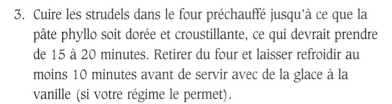

3. Cuire les strudels dans le four préchauffé jusqu'à ce que la pâte phyllo soit dorée et croustillante, ce qui devrait prendre de 15 à 20 minutes. Retirer du four et laisser refroidir au moins 10 minutes avant de servir avec de la glace à la vanille (si votre régime le permet).

Bougatsa à la façon d'Aristedes

Préchauffer le four à 180 °C (350 °F)

Plaque à biscuits légèrement graissée de beurre

500 ml	lait homogénéisé	2 tasses
125 ml	sucre	1/2 tasse
15 ml	zeste d'orange	1 c. à table
15 ml	zeste de citron	1 c. à table
2 ml	extrait de vanille	1/2 c. à thé
45 ml	beurre non salé	3 c. à table
125 ml	semoule	1/2 tasse
8	feuilles de pâte phyllo	8
45 ml	beurre non salé fondu	3 c. à table
	morceaux de fruits (tranches de mangue, de poire ou baies)	
	cannelle	

Donne 4 portions

Aristedes, le grand chef canadien d'origine grecque, a inventé près de 800 plats pour les menus de ses 40 restaurants au Canada et aux États-Unis. J'en aime un grand nombre, mais celui qui me fait languir le plus est la tarte au flan, un dessert grec traditionnel remis au goût du jour. En voici la recette, telle que me l'a confiée le second de cuisine et lieutenant de longue date d'Aristedes, Kenny Brudner.

Vous pouvez garder les restes à couvert et à température ambiante. Réchauffez-les un peu avant de les servir.

1. Dans une casserole à feu doux, mélanger le lait, le sucre, les zestes d'orange et de citron, et la vanille. Chauffer doucement pendant environ 10 minutes jusqu'à ce que le liquide soit très chaud, mais sans bouillir.

2. Pendant ce temps, faire fondre le beurre dans une petite poêle à feu moyen. Y jeter la semoule et remuer jusqu'à l'obtention d'une pâte. Cuire pendant 10 minutes, en remuant constamment. Retirer du feu.

3. Mettre environ 1/4 de la semoule dans le lait chaud et incorporer au fouet. Continuer d'incorporer le reste de la semoule, un quart à la fois, jusqu'à l'obtention d'une crème épaisse. Continuer à faire cuire à feu doux pendant 3 à 4 minutes, toujours en fouettant énergiquement jusqu'à ce que la préparation soit passablement épaisse. Retirer du feu, laisser refroidir complètement, ce qui devrait prendre environ 30 minutes.

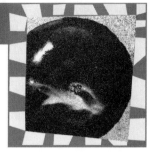

4. Étendre une feuille de pâte phyllo sur une surface sèche et la badigeonner de beurre fondu. Recouvrir d'une autre feuille de pâte phyllo et la badigeonner de beurre. Déposer un quart de la crème, soit environ 125 ml (1/2 tasse) au centre supérieur des feuilles de pâte beurrées et parsemer la crème de quelques morceaux de fruits. Rabattre le pan supérieur sur la garniture et rabattre les deux côtés verticaux vers l'intérieur, comme si l'on faisait une enveloppe. Abaisser la partie farcie pour créer un strudel rectangulaire dodu mesurant 10 cm sur 5 cm (4 po sur 2 po). Mettre la création sur une plaque à biscuits et confectionner de la sorte trois autres strudels. Badigeonner le dessus et les côtés des strudels de beurre fondu.

5. Cuire les strudels dans le four préchauffé jusqu'à ce que la pâte phyllo soit dorée et croustillante, ce qui devrait prendre de 15 à 20 minutes. Retirer du four et laisser refroidir au moins 10 minutes. Servir tiède, saupoudré de cannelle.

Baklava aux noisettes

Préchauffer le four à 180 °C (275 °F)

*Plat rectangulaire allant au four de 25 cm sur 45 cm (10 po sur 16 po),
légèrement graissé de beurre*

Donne 16 baklavas

*Un baklava ne consiste pas for-
cément en des couches de pâte
phyllo à n'en plus finir, denses
et ridiculement sirupeuses, avec
quelques noix éparses perdues
quelque part au centre. Le
baklava peut également être
léger, aérien, riche en noix et
discrètement imbibé de miel,
comme c'est le cas avec les
différentes formes de baklavas
du Proche-Orient. J'en ai simpli-
fié la structure mais conservé le
croquant, résultat de la cuisson
lente au four et de l'usage
audacieux de différentes sortes
de noix. On peut remplacer la
combinaison noisettes (avelines)
et pistaches (ma préférée) par
d'autres noix comme les amandes, les noix de Grenoble ou
même des arachides.*

125 ml	noisettes rôties (avelines) sans la peau, soit environ 190 g (7 oz)	1/2 tasse
125 ml	pistaches écalées crues, soit environ 75 g (3 oz)	1/2 tasse
150 ml	sucre	2/3 tasse
15 ml	cannelle moulue	1 c. à table
125 ml	beurre non salé, fondu	1/2 tasse
8	feuilles de pâte phyllo	8
125 ml	miel	1/2 tasse
125 ml	eau chaude	1/2 tasse

1. Dans le bol du robot culinaire, mélanger les noisettes, les pistaches, le sucre et la cannelle. Actionner à haute vitesse jusqu'à ce que les noix moulues présentent l'aspect d'une farine grossière avec quelques morceaux demeurés intacts, soit pendant moins de 1 minute.

2. Sur un plan de travail sec, étendre une feuille de pâte phyllo, le côté étroit orienté vers soi. À l'aide d'un pinceau, badi-geonner de beurre la moitié de la feuille située le plus près de vous. Rabattre la surface non beurrée, et badigeonner légère-ment la surface de pâte qui se présente maintenant. On devrait maintenant avoir une double couche de pâte phyllo, avec du beurre entre les couches et sur le dessus. Répandre uniformément 45 ml (3 c. à table) du mélange de noix sur toute la surface de la pâte phyllo. Rouler la pâte farcie en s'éloignant de soi, de façon à obtenir un long « serpent » d'un peu plus de 2,5 cm (1 po) de diamètre. Il faut s'efforcer de rouler les baklavas bien serré mais sans risquer de déchirer la pâte phyllo. Déposer ce serpent contre la paroi du plat allant au four.

3. Répéter ces opérations avec les sept autres feuilles de pâte phyllo, et poser les nouveaux serpents les uns contre les autres dans le plat, en prenant soin de ne pas les écraser. Une fois les huit baklavas roulés, le plat devrait être rempli complètement. On devrait avoir encore suffisamment de beurre pour badigeonner l'ensemble de la surface formée par les baklavas. Ce dernier badigeonnage est très important : si le beurre venait à manquer, en faire fondre d'autre.

4. Cuire les baklavas au four jusqu'à ce qu'ils soient dorés et très croustillants en surface, ce qui devrait prendre environ 50 minutes. Retirer du four. Sans attendre, chauffer l'eau et le miel, en remuant jusqu'à ce que le liquide soit sur le point de bouillir. Verser uniformément à la cuillère sur les baklavas et laisser reposer environ 1 heure.

5. On peut servir les baklavas immédiatement ou on peut les laisser reposer 2 jours à température ambiante, légèrement couverts. Servir un demi-serpent par personne, soit tel quel, soit coupé en deux ou trois morceaux selon la diagonale.

Un mot au sujet des noisettes. Ces noix délicieuses s'achètent habituellement crues, recouvertes d'une peau. Faites-les rôtir dans un four chauffé à 180 °C (350 °F) pendant 15 minutes. Laissez ensuite refroidir 15 minutes, après quoi vous frotterez les noix entre vos mains. Les peaux se détacheront aisément. Sortez à l'extérieur avec le plat et soufflez fort (ou servez-vous d'un ventilateur) pour chasser les peaux; les noisettes resteront dans le plat. Utilisez-les immédiatement ou conservez-les dans un contenant hermétique dans le garde-manger pendant 3 à 4 semaines au maximum.

Torte aux amandes et au chocolat façon Marion

Préchauffer le four à 180 °C (350 °F)

Moule à tarte de 25 cm (10 po), légèrement huilé et fariné

Donne 8 portions

Ce gâteau au goût d'amande prononcé est la création de mon amie Marion Medad, issue d'une des plus grandes familles de gastronomes du monde. Elle remplace mes amandes moulues par 250 g (1/2 lb) de massepain, ce qui rend la torte encore plus fondante mais un peu plus difficile à servir. D'une manière ou d'une autre, attendez-vous à des compliments.

Cette torte se conserve 2 jours sans problème à température ambiante et légèrement couverte. Le coulis de framboises peut être préparé à l'avance et conservé au réfrigérateur pendant 5 jours.

Torte

375 ml	amandes moulues, soit environ 150 g (6 oz)	1 1/2 tasse
175 ml	sucre	3/4 tasse
125 ml	beurre non salé fondu	1/2 tasse
3	œufs entiers battus	3
25 ml	amaretto	2 c. à table
1 ml	extrait d'amande	1/4 c. à thé
75 ml	poudre de cacao	1/3 tasse
2 ml	levure chimique	1/2 c. à thé
	sucre à glacer	

Coulis de framboises

300 g	framboises surgelées, décongelées	10 oz
125 ml	sucre	1/2 tasse

1. Mettre les amandes dans le robot culinaire. Ajouter le sucre et le beurre fondu. Mélanger jusqu'à la formation d'une boule. Ajouter les œufs battus, l'amaretto et l'extrait d'amande. Mélanger jusqu'à l'obtention d'une crème très épaisse. Tamiser la poudre de cacao et la levure chimique dans le robot culinaire. Mélanger en mode marche/arrêt.

2. Mettre le mélange dans un moule à tarte, en frappant le moule pour que le contenu se tasse. Cuire au four jusqu'à ce qu'une croûte se soit formée en surface, que les côtés aient gonflé un peu et que la sonde à gâteau en ressorte sèche, ce qui devrait prendre 30 à 35 minutes. Retirer du four et laisser refroidir complètement dans le moule (le centre s'affaissera légèrement). Saupoudrer de sucre à glacer.

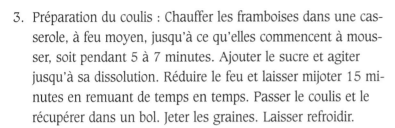

3. Préparation du coulis : Chauffer les framboises dans une casserole, à feu moyen, jusqu'à ce qu'elles commencent à mousser, soit pendant 5 à 7 minutes. Ajouter le sucre et agiter jusqu'à sa dissolution. Réduire le feu et laisser mijoter 15 minutes en remuant de temps en temps. Passer le coulis et le récupérer dans un bol. Jeter les graines. Laisser refroidir.

4. Servir la torte en déposant les pointes dans une mare de coulis.

Donne 4 portions

Voici la solution idéale pour les occasions où vous manquez de temps mais avez quand même le goût d'un bon dessert. Si vous avez déjà dans votre garde-manger les ingrédients courants que sont le sucre, le beurre non salé, les raisins secs et le chocolat mi-amer, tout ce que vous avez à trouver est un ananas bien mûr à l'épicerie et 10 petites minutes pour un travail facile.

Ananas frit

VOIR PHOTO, PAGE 161

1	ananas bien mûr	1
25 ml	sucre	2 c. à table
25 ml	beurre non salé	2 c. à table
25 ml	raisins de Smyrne	2 c. à table
25 g	chocolat mi-amer râpé	1 oz
4	brins de menthe fraîche	4

1. Couper la moitié supérieure de l'ananas, la réserver pour un autre usage. Peler la moitié inférieure (la plus sucrée) et trancher en 4 rondelles épaisses de 1 cm (1/2 po). Étendre le sucre dans une assiette et y rouler les rondelles d'ananas.

2. Chauffer le beurre dans une grande poêle, à feu vif, jusqu'à ce qu'il mousse. Ajouter les rondelles d'ananas sucrées et faire frire 2 minutes. Les retourner et éparpiller les raisins de Smyrne autour. Faire frire encore 2 à 3 minutes jusqu'à ce que les tranches soient dorées et les raisins gonflés. Retirer du feu et déposer les tranches dans quatre assiettes à dessert, en en présentant la face la plus joliment dorée. Déposer des raisins dans chaque assiette et napper d'un peu de la sauce accumulée dans la poêle. Garnir de chocolat râpé et de menthe. Servir immédiatement.

Fondue au chocolat

125 g	chocolat fin, de préférence mi-amer, en morceaux	4 oz
25 ml	liqueur Frangelico	2 c. à table
15 ml	eau	1 c. à table
	biscuits importés assortis (gaufrettes, Pirouline, petits beurres, sablés)	
	tranches de fruits assortis (prune, pêche, banane, mangue, carambole)	

Donne 2 portions

Voici un dessert pour les amoureux. Grâce à lui, vous pourrez célébrer la Saint-Valentin n'importe quel jour de l'année. Il suffit pour cela de chocolat fondu, de fruits, de biscuits et d'une bonne dose d'amour.

1. Chauffer pendant 10 minutes le chocolat avec la liqueur et l'eau dans la partie supérieure d'un bain-marie placé au-dessus de (et non dans) l'eau chaude pour le faire fondre.

2. Pendant ce temps, préparer une belle assiette de service en en décorant les bords de biscuits et de fruits ; sortir deux fourchettes de fantaisie. Laisser un espace libre au milieu de l'assiette pour le chocolat.

3. Tester le chocolat en le piquant à la fourchette. Si les dents peuvent pénétrer dans un morceau sans rencontrer de résistance, le chocolat est prêt ; sinon, chauffer encore 5 minutes. Quand le chocolat est bien chaud (par miracle, les morceaux conservent leur forme), retirer le bain-marie du feu. Bien homogénéiser le chocolat en le battant à la fourchette ou au fouet pendant 1 ou 2 minutes.

4. Verser le chocolat dans un bol esthétique (idéalement un bol de cristal) et le déposer au centre de l'assiette de service. Il ne reste plus maintenant aux amoureux qu'à tremper les morceaux de fruits et les biscuits dans le chocolat.

INDEX GÉNÉRAL

INDEX DES PLATS VÉGÉTALIENS